Dortmund entdecken

Schätze und Geschichten aus dem Mittelalter

v|rg

Dortmunder Mittelalter-Forschungen
Schriften der Conrad-von-Soest-Gesellschaft
Verein zur Förderung der Erforschung der
Dortmunder Kulturleistungen im Spätmittelalter

Herausgegeben von Thomas Schilp und Barbara Welzel

Band 11

Birgit Franke und Barbara Welzel

DORTMUND ENTDECKEN

Schätze und Geschichten aus dem Mittelalter

Mit Illustrationen
von Frank Georgy

Fotografien von Rüdiger Glahs
und Diethelm Wulfert

Verlag für Regionalgeschichte
Bielefeld 2008

Die Publikation wurde gefördert
durch die Reinoldigilde zu Dortmund.

Umschlagabbildungen:
Dortmund, St. Reinoldi und St. Marien mit Oskar Francke (vorne)
Dortmund, Das »Goldene Wunder« (Ausschnitt) in St. Petri (hinten)

Bibliografische Information der Deutschen Nationalbibliothek

Die Deutsche Nationalbibliothek verzeichnet diese Publikation
in der Deutschen Nationalbibliografie; detaillierte bibliografische
Daten sind im Internet über http://dnb.d-nb.de abrufbar.

ISSN 1612-8648
ISBN 978-3-89534-761-0

Gestaltung: Frank Georgy (kopfsprung.de), Köln
Druck: Westmünsterland Druck, Ahaus
Verarbeitung: Buchbinderei S.R. Büge, Celle

Gedruckt auf alterungsbeständigem Papier nach ISO 9706
Printed in Germany

INHALT

DORTMUND ENTDECKEN MIT OSKAR FRANCKE 6

EINE NICHT GANZ VERSCHWUNDENE STADT 16

REINOLDUS
Der Stadtpatron und seine Kirche 40

BILDERGESCHENKE
Warum Dortmunder Fernkaufleute und andere Einwohner Altarwerke an die Marienkirche schenkten, und was sie sich davon erhofften 64

STADT UND KLOSTER
Oder warum sich in der Propsteikirche die älteste Stadtansicht Dortmunds befindet 88

DAS »GOLDENE WUNDER«
Der riesige Schnitzaltar aus Antwerpen, und wie die Restauratoren das Gold retteten 112

WER – WIE – WARUM
Nachworte 136

DORTMUND ENTDECKEN MIT OSKAR FRANCKE

Willkommen!
Ich bin Oskar Francke und ich möchte dich ganz herzlich begrüßen. Ich bin Professor für Kunstgeschichte an der Universität. Junge Menschen, die Kunstwissenschaftler oder Lehrerinnen und Lehrer werden wollen, studieren an meinem Institut. Ein solches Studium dauert mehrere Jahre. Doch beschäftigen sich auch viele andere Menschen mit den Kunstschätzen in Dortmund und besuchen meine Vorlesungen. Im Winter 2007/2008 habe ich eine eigene Vorlesung für Kinder in den vier Innenstadtkirchen gehalten. Einige hundert Dortmunder Kinder haben mich dort schon kennen gelernt.

Was ist Kunstgeschichte? Die Antwort klingt zunächst ganz einfach: Kunstgeschichte ist diejenige Wissenschaft, in der die Geschichte der Kunst erforscht wird. Doch welche Dinge erforscht ein Kunsthistoriker? Die Kunstgeschichte beschäftigt sich mit Gebäuden und Kunstwerken Europas seit dem Ende des Altertums bis in die Gegenwart. Inzwischen gehören auch die Kunstwerke in Amerika dazu. Andere Wissenschaften

beschäftigen sich beispielsweise mit der Kunst im Orient, in Afrika oder in Asien. In der Kunstgeschichte untersuchen Forscher also Dinge aus beinah 2000 Jahren und aus all den verschiedenen Ländern Europas.
Es ist klar, dass niemand gleich gut über alle diese Dinge Bescheid wissen kann. Jeder Forscher sucht sich ein Spezialgebiet. Gleichzeitig muss er wenigstens in großen Zügen den Überblick behalten. Ich, Oskar Francke, habe mich auf das Mittelalter spezialisiert.

»Mittelalter«
Unter Mittelalter versteht man eine viele Jahrhunderte dauernde Zeit in Europa. Sie beginnt mit dem Ende des Altertums um 400 nach Christus und endet in den Jahren nach 1500 (also vor etwa einem halben Jahrtausend, vor etwa 500 Jahren).

Als Forscher suche ich mir zuerst ein Thema. Ich habe mich für die mittelalterliche Kultur in Dortmund entschieden. Ich erforsche mittelalterliche Gebäude, Bilder und Figuren und was die Menschen früher damit gemacht haben.
Nehmen wir ein Beispiel: den Marienaltar von Conrad von Soest. Das hier abgebildete Gemälde ist ein Teil davon und zeigt die Heiligen Drei Könige bei Maria und dem Christuskind: Du wirst das noch genauer kennen lernen.
Ich möchte alles, was man noch herausfinden kann, über diesen Marienaltar wissen: Wer ihn gemalt hat, wann, für wen und so weiter. Vor allem aber möchte ich wissen, was diese Gemälde für die Menschen im Mittelalter bedeutet haben. Und was wir heute noch alles dort entdecken können.

Doch ich erforsche nicht nur Bilder, sondern auch kostbare Stoffe und Gewänder: wie sie auf dem Gemälde zu sehen sind. Dort sind auch Werke der Goldschmiedekunst gezeigt. Auch sie werden von den Kunsthistorikern untersucht. Woher kommen die Farben, mit denen das Gemälde gemalt ist? Kannst du dir vorstellen, dass die Rohstoffe für manche der Farben damals aus Spanien, aus Ungarn, aus der Türkei oder aus Persien (dem heutigen Iran) kamen?

Gerne möchte ich dich auf den nächsten Seiten auf meinen Wanderungen durch Dortmund mitnehmen, dir von meinen Forschungen erzählen. Vielleicht entdeckst du ja Dinge, die du noch nicht kennst. Vor allem möchte ich dir zeigen, wie das Erforschen von Kunst geht.

Niemand kann alles alleine. Auch Forscher arbeiten mit Kollegen und Freunden zusammen, die andere Spezialgebiete haben. Wir schreiben uns Briefe, telefonieren miteinander, besuchen uns und diskutieren unsere Forschungen. Einige meiner Freunde wirst du in diesem Buch kennen lernen. Meine Freundin Birgit Amalie schreibt Kindergeschichten. Ich habe sie eingeladen, fünf Erzählungen über Kinder im Mittelalter für dieses Buch zu erfinden. Und du, mit wem möchtest du Dortmund erkunden?

Das Erforschen der mittelalterlichen Kunst ist nicht ganz so einfach. Heute gibt es viele Medien, die uns über die Welt informieren: Fernsehen, Internet, Radio, gedruckte Bücher und Zeitungen, Fotos und Filme. Sie wurden jedoch, wie du sicher schon weißt, erst später erfunden. Außerdem sind gar nicht so viele Gebäude, Figuren und Bilder, Goldschmiedewerke und andere Dinge aus dem Mittelalter erhalten. Und auch alte Dokumente und handgeschriebene Bücher gibt es nicht in Massen.

Kunstwissenschaftler gehen deshalb meistens erst einmal auf Spurensuche. Für sie sind die alten Kunstwerke Zeugen der Vergangenheit. Man muss die Dinge genau untersuchen, Bücher darüber lesen, Material dazu sammeln und Beweise für seine Ideen suchen. Man muss die richtigen Fragen stellen und Experten heranziehen. Aber nie findet man alles heraus. Es ist wie ein Puzzle, bei dem viele Teile verloren sind. Trotzdem kann man das ganze Bild erahnen.

Wenn ich Erwachsenen erklären soll, was Wissenschaft ist, sage ich:

Wissenschaft ist auf Empirie gestützte Hypothesenbildung.

Ich habe mit meinen Freunden gewettet, dass ich das auch für Kinder erklären kann. Also:

Empirie: Man beobachtet Dinge, die es gibt. In unserem Fall: Man schaut Kunstwerke genau an und untersucht sie. Weiterhin sucht man in Archiven, ob man Dokumente (etwa einen Vertrag oder eine Rechnung) zu den Werken und ihren Künstlern findet.

Hypothesenbildung: Man probiert aus, welches die beste Geschichte ist, die man mit diesen Fakten und Dingen erzählen kann, ohne sie auszuschmücken und etwas dazu zu erfinden. In unserem Fall: Man überlegt, welches die jeweils beste Geschichte ist, die man zu den Kunstwerken, ihren Künstlern und ihrer Zeit erzählen kann. Dafür muss man die Kunstwerke genau untersuchen, mit anderen Werken vergleichen und nach Dokumenten fahnden. Man darf seine Fantasie dabei nicht durchgehen lassen und nichts dazu erfinden, sondern muss sich streng an die Fakten halten.

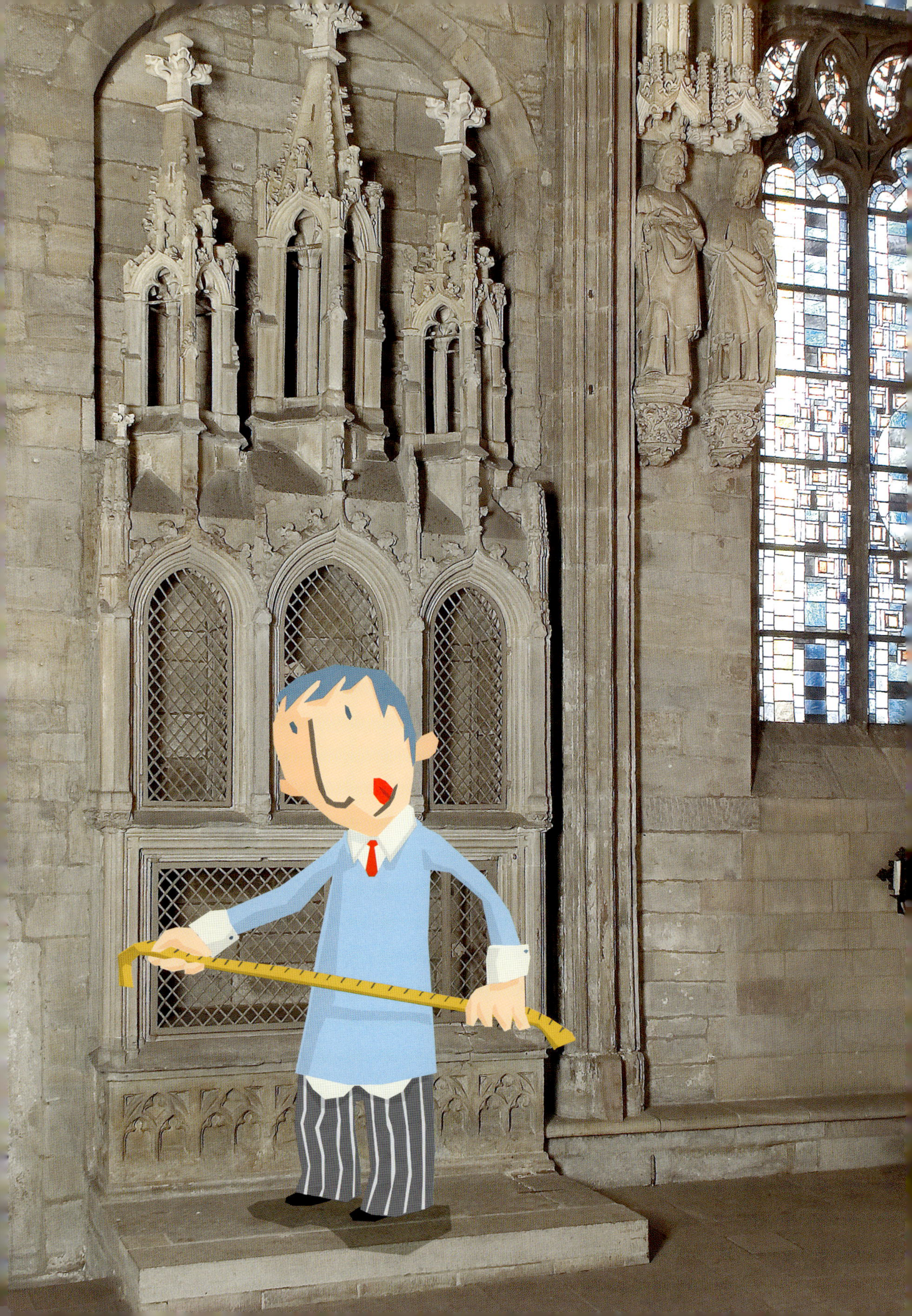

Jeder Forscher möchte die Dinge, über die er forscht, ganz genau untersuchen. Deshalb gibt er sich nicht mit Fotos zufrieden. Kunsthistoriker untersuchen die Kunstwerke im Original. Sie gehen deshalb oft ins Museum. Dort kann man die Kunstwerke genau sehen: Wie groß sind sie? Wie sehen die Farben wirklich aus? Um Figuren kann man dann oft auch herum gehen.

Dortmund ist für die mittelalterliche Kunst eine ganz besondere Stadt: Viele Kunstwerke sind nämlich gar nicht ins Museum gekommen. Vielmehr befinden sie sich noch immer an den Orten, für die sie im Mittelalter geschaffen wurden: in den Kirchen. Hier kann man viel genauer als im Museum herausfinden, was die Kunstwerke für die Menschen im Mittelalter bedeutet haben. In welchen Räumen befinden sie sich? Wie ist dort das Licht? Wie kann man sie sehen: aus der Nähe, aus der Ferne, von unten? Das ist zum Beispiel besonders spannend bei der riesigen Holzfigur des heiligen Reinoldus, dem Stadtpatron von Dortmund, in der Reinoldikirche.

In allen diesen Kirchen werden auch heute christliche Gottesdienste gefeiert. Doch ist das nicht die einzige Aufgabe dieser Kirchen. Sie laden nämlich auch alle Menschen ein, ihre Schätze zu bewundern und zu erforschen. Wenn nicht gerade Gottesdienst ist oder ein Konzert stattfindet, kann jeder in diese Kirchen gehen: auch Menschen, die einer anderen Religion als dem Christentum oder keiner Religion angehören. Menschen, die nicht beten wollen, sondern die Räume und ihre Kunstwerke erkunden und aus der Nähe betrachten wollen. Man kann dort auch – leise! – miteinander reden und sich die Entdeckungen an den Kunstwerken gegenseitig zeigen. Alle Menschen sind willkommen.

Oskar Francke untersucht das Reliquienhaus in der Reinoldikirche.

Meine Freunde nennen mich einen »Stadtwanderer«. Ich laufe durch die Stadt, beobachte Menschen, erkunde die Straßen, schaue mir Gebäude an, gehe in die Kirchen hinein oder ins Museum. Sie sagen, dass ich unter meinen Sohlen die Geschichte der Stadt spüre. Und irgendwie stimmt das. Ich erkunde, welche Teile der Stadt Schätze und Geschichten aus der Vergangenheit aufbewahren, und versuche, meine Ohren für diese Erzählungen zu spitzen. Ich habe Freude daran, den Reichtum und die Schönheit der alten Kunstwerke zu entdecken. Ich versuche, meine Augen zu schärfen. Oft habe ich ein kleines Heft bei mir und mache mir Notizen oder fertige eine Zeichnung an. Immer wieder mache ich Fotos. Ich gehe in die Bibliothek und lese zu früheren Zeiten etwas nach, gehe ins Museum und schaue Kunstwerke an.
Mein Freund Klaus-Peter Busse ist Professor für Kunst. Er bildet an der Universität Lehrerinnen und Lehrer aus. Ich telefoniere mindestens einmal in der Woche mit ihm. Dann erzählen wir uns gegenseitig, woran wir gerade arbeiten, worüber wir nachdenken, was wir angesehen und gelesen haben. Er ist ein Spezialist für »Mapping«.

»Mapping« ist ein englisches Wort. Eigentlich bedeutet es, eine Landschaft oder eine Stadt zu vermessen und Landkarten und Stadtpläne zu machen. Künstler und inzwischen auch andere Menschen benutzen die Methode des Mapping, um Landschaften, Städte, Plätze und alle möglichen Räume zu erkunden. Sie machen Bilder oder andere Kunstwerke von diesen Räumen und zeigen dabei oft auch, was verschiedene Menschen in diesen Räumen machen. Mapping ist also eine Methode, um Räume zu erwandern und das Leben in ihnen darzustellen. Die Bilder oder Karten, die dabei

entstehen, können ganz unterschiedlich aussehen: je nachdem, was dir wichtig ist, welche Dinge du zeigen willst, welche Materialien du wählst.

Ich habe zusammen mit meinem Freund überlegt, was man in Dortmund alles mit der Methode des Mapping erkunden kann, wenn man etwas über die Schätze des Mittelalters erfahren will. Es gibt unendlich viele Möglichkeiten. Man kann zum Beispiel einen bunten Plan vom Hellweg machen und alle Orte und Dinge eintragen, die Geschichten aus dem Mittelalter erzählen. Man kann in eine der Kirchen gehen, den Raum erkunden und auf einem Plan zeigen, welche Dinge aus dem Mittelalter dort zu finden sind oder was die Menschen heute mit den Dingen aus dem Mittelalter tun. Oder man malt, zeichnet oder klebt eine Karte, wo noch heute Spuren von den reichen Fernkaufleuten zu finden sind – und trägt ein, welche verschiedenen Spuren das sind. Vielleicht mag auch jemand eine Karte machen, woher all die Farben kommen, die der Maler Conrad von Soest benutzt hat, oder mit welchen Städten und Ländern die Stadt Dortmund Handel trieb: Diese Karten würden bis weit in den Orient reichen ...

Mapping kann noch etwas anderes bedeuten: Man überlegt sich Wege durch die Stadt oder durch einen Raum. Auf welchen Wegen kann man am meisten vom Hellweg verstehen? Oder von der Reinoldikirche, oder der Petri-Kirche? Soll man überall gleich schnell gehen? Kann man überall laut reden? Du kannst also auch eine Stadtwanderung durch Dortmund zu einem bestimmten Thema entwerfen. Vielleicht magst du deine Eltern und Großeltern, Geschwister oder Freunde auf deine Stadtwanderung mitnehmen. Auch von diesen Wanderwegen kannst du wieder Karten anfertigen ... Vielleicht machst du mit deinen Freunden sogar eine kleine Ausstellung mit euren Karten.

EINE NICHT GANZ VERSCHWUNDENE STADT

Überall dort, wo Menschen leben, finden sich Spuren der Vergangenheit. So gibt es in fast jeder Stadt und jedem Dorf neue, alte und uralte Gebäude. Auf manchen Straßen und Wegen laufen die Menschen bereits seit Hunderten von Jahren. Natürlich änderte sich Vieles im Laufe der Zeit, mal mehr und mal weniger.

Auch in Dortmund reichen einige Gebäude, Straßen und Plätze bis weit in die Vergangenheit zurück. So existiert der Hellweg schon seit ungefähr 1500 Jahren. An dieser Straße stehen bis heute drei mittelalterliche Kirchen: die Petri-Kirche, die Reinoldikirche und die Marienkirche. Damals gehörte der Hellweg zu einer wichtigen Handelsroute, die bis in die Niederlande und nach Russland führte. Heute ist der Hellweg in Dortmund eine große Einkaufsstraße.

Im Mittelalter waren alle Städte zu ihrem Schutz befestigt. Die Stadtmauer umschloss das Rathaus und andere städtische Gebäude, Kirchen, Klöster und einige Hospitäler, alle Wohnhäuser, Kaufmannskontore und

Dortmund von Süden im Juni 2005

die Werkstätten der Handwerker. In jeder Stadt befanden sich besondere Gebäude. Sie bildeten zusammen mit den Türmen und Toren der Stadtbefestigung jeweils eine eigene, unverwechselbare Stadtkrone. So konnten Reisende die Städte meistens schon aus der Ferne erkennen. Manchmal ist das noch heute so.

Dortmund von Norden, Ausschnitt des Mulherplans von 1610,
Museum für Kunst und Kulturgeschichte

Diese Stadtansicht zeigt Dortmund vor etwa 400 Jahren. Bei der Stadtmauer sind das Ostentor (K, ganz links) und das Burgtor (M, in der Mitte) eingezeichnet. Der Reinolditurm (A) ragt auch hier weit über die Marienkirche (B) hinaus. Weiter rechts sind das Dominikanerkloster (P), das Katharinenkloster (N) und die Petri-Kirche (O) dargestellt.
Hast du eine Idee, warum man so eine Stadtansicht auch Stadtkrone nennt?

Schau dir mal das große Stadtmodell von Dortmund im Museum für Kunst und Kulturgeschichte oder im Adlerturm an. Suche den Hellweg und die vier mittelalterlichen Kirchen, die noch heute erhalten sind.

Im Zweiten Weltkrieg (von 1939 bis 1945), unter der Herrschaft der Nationalsozialisten, hatte die deutsche Armee zahlreiche Länder überfallen. Als Antwort darauf wurden die meisten Großstädte in Deutschland von gegnerischen Flugzeugen angegriffen und durch Bomben zerstört.
Dortmund wurde vor über 60 Jahren ganz besonders stark zerstört. In der Innenstadt blieb beinah kein Gebäude stehen. Man konnte die Stadt kaum noch wiedererkennen. Auch die Kirchen wurden schwer beschädigt.
Wenigstens einige Kunstwerke konnten die Menschen in Sicherheit bringen. Deshalb besitzen wir in Dortmund noch immer so wunderbare Kunstschätze.

Foto von Erich Angenendt 1945: Die zerstörte Marienkirche,
im Vordergrund die Turmuhr der Reinoldikirche im Trümmerschutt

Der zerstörte Markt am 12. März 1945, im Hintergrund der Turm der Reinoldikirche ohne Turmhelm

Nach dem Krieg baute man in der Innenstadt mit großen Anstrengungen die vier Kirchen wieder auf. Der größte Teil der Stadt wurde allerdings neu gebaut. Auch der Verlauf vieler Straßen wurde geändert.

Die früheren Feinde sind heute gute Freunde Deutschlands. Die Menschen können hier in Frieden miteinander leben.

Aufsetzen des Turmhelmes auf die St. Petri-Kirche im November 1981

Es sollte sehr lange dauern, bis Dortmund wieder aufgebaut war. Noch lange mussten die Zerstörungen des Krieges beseitigt werden. Die Reinoldikirche wurde am 3. Juni 1956 wieder eingeweiht, die Marienkirche am 2. Juni 1957. Das Altarwerk der Propsteikirche, das du später noch genauer kennen lernen wirst, kam erst im Dezember 1967 in die Kirche zurück. Auch die St. Petri-Kirche wurde erst 1967 wieder eingeweiht, der Turmhelm wurde schließlich 1981 aufgesetzt. Dieses Ereignis gilt als Abschluss des Wiederaufbaus in Dortmund: 36 Jahre nach Kriegsende.

Das mittelalterliche Dortmund ist trotz der Kriegszerstörungen nicht völlig verschwunden. Neben den geretteten Kunstschätzen existiert eine Schatzkammer zur Geschichte Dortmunds: das Stadtarchiv.
Hier befinden sich alte Urkunden mit Stadtrechten und Gesetzen, Dokumente zur Ratswahl, Namenslisten der frommen Bruderschaften, Gerichtsprotokolle, Vorschriften zu Maßen, Gewichten und Preisen, Regeln für die Handwerksmeister, Verträge und Rechnungen, weiterhin Briefe, Handschriften (handgeschriebene Bücher) und gedruckte Bücher, Siegel, Landkarten, Fotografien und vieles mehr.

Dokument mit Siegeln (Wachsabdrucke) von 1320, Stadtarchiv
Im Mittelalter hatten Kaiser, Könige und Päpste, Kirchen, Klöster und Städte, aber auch einzelne wichtige Personen ein Siegel aus Stein oder Edelmetall mit einem besonderen Erkennungszeichen. Noch heute tragen manche Leute einen Siegelring. Mit solchen Siegeln wurden Abdrucke in Wachs oder Blei geprägt, die man auch Siegel nennt. Erst später benutzte man für die Abdrucke Siegellack.
Urkunden und Dokumente waren nur mit Siegeln rechtsgültig. Abmachungen, Rechte, Verträge und Anordnungen wurden im Wortsinn besiegelt. Außerdem glaubte man einer Botschaft oder einem Befehl nur, wenn das Schriftstück versiegelt überbracht wurde. Denn um ein Dokument lesen zu können, musste das Siegel aufgebrochen oder die Siegelschnüre durchtrennt werden.

Das Stadtarchiv gibt es seit ungefähr 800 Jahren! Bereits im Mittelalter waren die Schriftstücke unglaublich wichtig für Dortmund. Denn nur so konnte man schwarz auf weiß nachlesen, dokumentieren und beweisen, welche besonderen königlichen und kaiserlichen Rechte die Stadt hatte, und seit wann das so war. Oder die Ratsherren konnten prüfen, welche Gesetze und Regeln gültig waren. Deshalb wurden alle Dokumente, Urkunden, Schriften und Bücher an einem sicheren Ort im Rathaus verwahrt.

Heute befindet sich das Stadtarchiv in einem eigenen Gebäude. Ich studiere dort immer wieder alte Schriften und diskutiere mit Professor Thomas Schilp. Er arbeitet als Historiker im Stadtarchiv und kennt sich in der mittelalterlichen Geschichte Dortmunds bestens aus.

Jedermann kann in den Lesesaal des Stadtarchivs kommen und dort forschen. Auch du!

Großes Turmsiegel der Stadt Dortmund von 1241 (Wachsabdruck), Stadtarchiv

Als Kunsthistoriker interessieren mich alte Bilder und Gebäude von Dortmund. Ich will wissen, wie die Stadt im Mittelalter aussah. Doch Vorsicht! Historische Bilder sind keine Fotografien. Sie lügen zwar nicht direkt, doch sie stellen die Welt oft etwas anders dar, als sie in Wirklichkeit war. Warum das so ist, erfährst du auch auf den Seiten 100 bis 103.

Das große Turmsiegel von Dortmund entstand vor über 770 Jahren. Die lateinische Inschrift lautet: SIGILLVM BVRGENSIUM IN TREMONIA, das heißt: »Siegel der Bürger in Dortmund«. Das Siegel bildet einen Turm und davor ein rundes Gebäude mit Seitenflügeln ab. Doch solche Bauwerke gab es in Dortmund gar nicht. Das Siegelbild erinnerte die Menschen vielmehr an Jerusalem. Die Dortmunder nahmen sich die heilige Stadt zum Vorbild: Tremonia sollte so sein wie Jerusalem. Das Siegel zeigt also ein Ideal oder ein Wunschbild der Stadt Dortmund.

Vor knapp 400 Jahren entwarf der Dortmunder Gelehrte Detmar Mulher eine Ansicht der Kaiserlichen Freien Reichsstadt Dortmund. Dieser Stadtplan wurde 1610 in vielen Exemplaren gedruckt. Erkennst du die Stadtkrone wieder? Der Mulherplan stammt zwar nicht aus dem Mittelalter, doch hatte sich die Stadt seither kaum verändert. Die Befestigung und alle wichtigen Bauwerke sind ziemlich genau dargestellt. Dieses Bild ist also so etwas wie ein Zeuge für das mittelalterliche Dortmund.

Forscher haben herausgefunden, dass die Stadtmauer 3,3 Kilometer lang und 8 bis 9 Meter hoch war. Es gab 6 große Stadttore und 16 Wehrtürme. Wie viele siehst du?
Die Dortmunder gaben den Stadttürmen Namen wie Höllen- und Schlangenturm, Schwanen- und Eulenfluchtturm, Pulverturm, Roter Turm, Kaiser- und Pockenturm, Katharinenturm und Adlerturm. Welche Geschichten wurden wohl damals über diese Türme erzählt?

Im Museum für Kunst und Kulturgeschichte und im Adlerturm kannst du mehr zur Stadtgeschichte herausfinden.

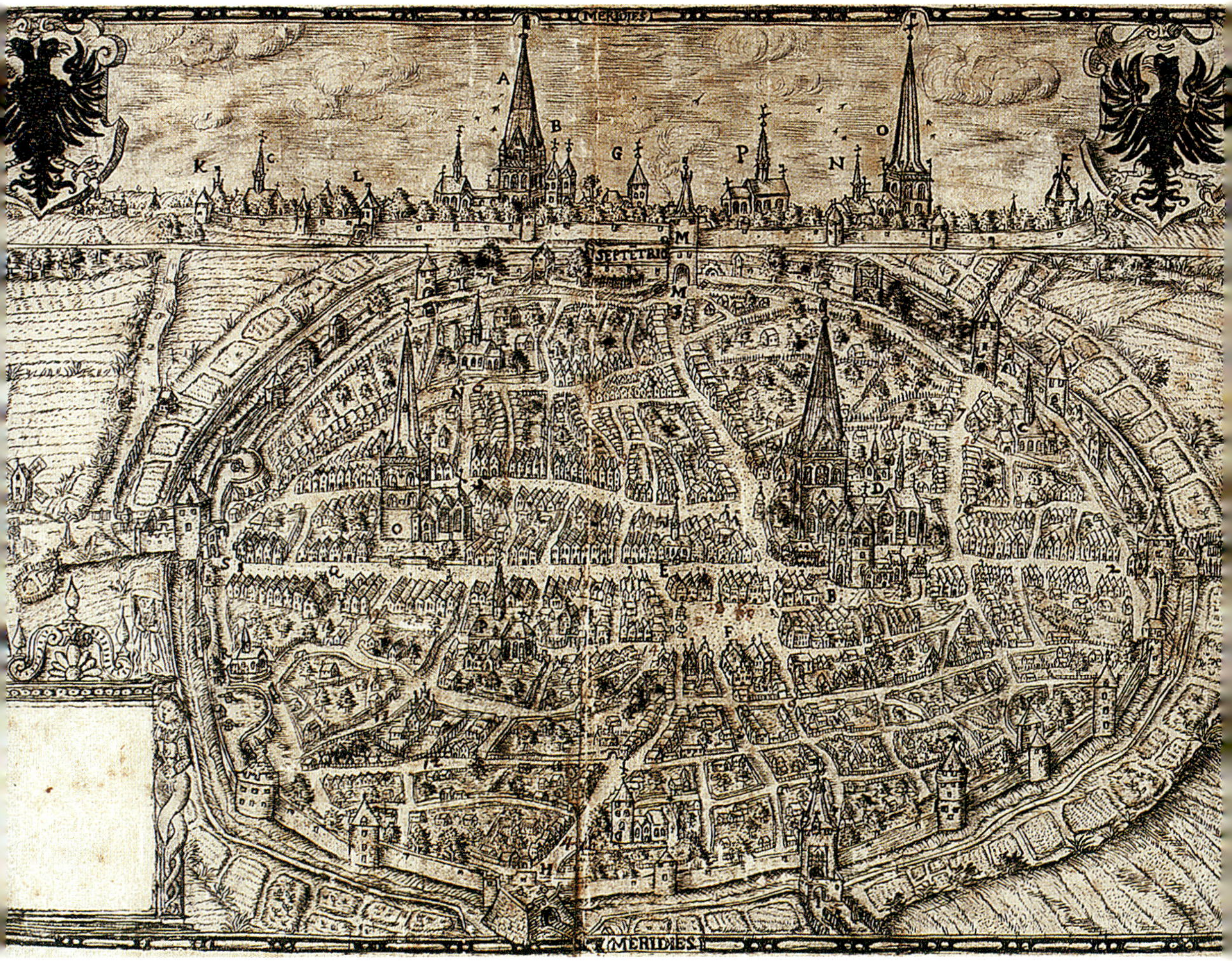

Hast du bemerkt, dass die Reinoldikirche auf dem Mulherplan übergroß dargestellt ist? Man sieht sie sofort. Das sollte man auch! Hohe Bauwerke waren schwierig zu bauen. Der Reinolditurm war deshalb auch als »Wunder von Westfalen« bekannt. Außerdem war der Turm ja tatsächlich sehr wichtig: Hier hingen die Stadtglocken, hier schlug die Stadtuhr, und hier wachten die Stadtwächter.

Im Mittelalter hatten nicht nur Kaiser, Könige, Kirchen und Klöster ihre besonderen

Heiligen, sondern auch alle Städte (statt Kirchen- und Stadtheiliger kann man auch Kirchen- und Stadtpatron sagen).
Köln hatte gleich mehrere Stadtheilige: die Heiligen Drei Könige.
In Dortmund war der heilige Reinoldus gleichzeitig Kirchenpatron von St. Reinoldi und himmlischer Patron (Herr) der Stadt. Die Dortmunder hofften und beteten, dass der Heilige sie und ihre Stadt vor grausamen Krankheiten, Hungerkatastrophen und feindlichen Angriffen beschützt.

Siegel des Pfarrers der Reinoldikirche (Wachsabdruck), Stadtarchiv

Das beinahe 700 Jahre alte Siegel zeigt den heiligen Reinoldus mit erhobenem Schwert und Schild, ganz ähnlich wie die überlebensgroße Holzfigur in der Reinoldikirche.

Alte Bücher im Stadtarchiv erzählen von den Heldentaten des heiligen Reinoldus. Im Jahre 1352 waren nachts Feinde heimlich in die Stadt eingedrungen. Der Stadtpatron soll den Wächter auf dem Turm von St. Marien dreimal mit heller Stimme aufgefordert haben, die Sturmglocke zu läuten. Als der Wächter nicht reagierte, beleuchtete Reinoldus die Eindringlinge durch ein helles Licht und rettete so die Stadt.

Ein anderes Mal erschien der heilige Reinoldus auf der Stadtmauer, als Dortmund in Gefahr war. Er fing die schweren feindlichen Steingeschosse der Angreifer und schleuderte sie zurück. Vor über 600 Jahren ließen die Dortmunder deshalb eine Steinfigur des Reinoldus als Wächter auf der Stadtmauer aufstellen. Leider ist sie nicht erhalten.

Was meinst du, warum die Dortmunder einen heiligen Ritter als Stadtpatron wollten?

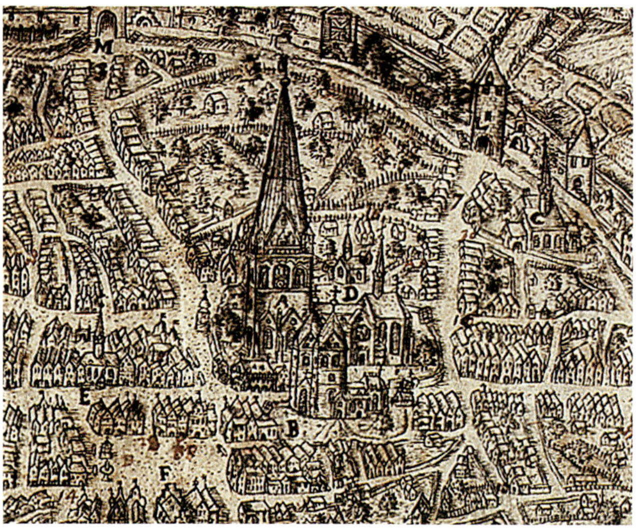

Dortmunder Markt,
Foto aus dem Jahr 1872

Der große Markt auf dem Mulherplan mit dem Rathaus links unten (F), 1610

Anders als heute waren im Mittelalter fast alle Gebäude in Dortmund Fachwerkhäuser, die von Zimmerleuten aus Holzbalken und Lehm gebaut wurden. Nur die Kirchen, viele der Bauwerke am Markt, zum Beispiel das Rathaus, die Wohnhäuser reicher Bürger, die Kaufmannskontore und das Richthaus errichtete man aus Stein.

Am großen Markt standen viele wichtige Bauwerke der Freien Reichsstadt. Dieser 100 Meter lange und 45 Meter breite Platz lag nahe bei St. Reinoldi und der Marienkirche und dem Hellweg.

Das Rathaus war der wichtigste Ort des Stadtregiments. Hier tagten die 18 Ratsherren und zwei Bürgermeister und bestimmten das Leben in Dortmund, hier hielten sie Versammlungen mit anderen Bewohnern der Stadt ab. Gerichtsverhandlungen fanden im Rathaus am Markt und im Richthaus am Ostenhellweg statt.
In der Stadtwaage wurde die Einhaltung der vorgeschriebenen Gewichte für Waren überwacht. Im Stadtweinhaus feierten die Bürger vor allem Hochzeiten und Taufen. Am Markt lagen außerdem die Adler-Apotheke und der Gasthof Krone. In der Nähe des Marktes befanden sich das spätere Brauhaus, das Sechsgildenhaus, das als Versammlungsort der wichtigsten Handwerkszünfte von Dortmund diente, aber auch die Reinoldischule und die Marienschule.

Auf dem Markt war sicher immer viel los. Lebensmittelhändler und Fernkaufleute boten hier ihre Waren an. Der große und schöne Brunnen war ein idealer Ort, um beim Wasserholen Neuigkeiten auszutauschen. Manchmal traten auf dem Markt Gaukler, Seiltänzer und Spielleute auf. Und ab und an sah man hier sogar Theateraufführungen und Ritterturniere.

Dieses Gemälde mit dem Dortmunder Rathaus entstand vor etwa 100 Jahren. Es befindet sich im Museum für Kunst und Kulturgeschichte. Nach dem Zweiten Weltkrieg wurde das Rathaus leider nicht wieder aufgebaut.

Das Dortmunder Rathaus war eines der ältesten deutschen Rathäuser aus Stein. Das große, überaus prächtige Gebäude schmückte ein Treppengiebel. Die Säle und Räume für die Ratssitzungen und Gerichtsverhandlungen lagen im Obergeschoss und waren reich ausgestattet. Hier feierte der Rat außerdem Feste und empfing hochrangige Gäste. Im ersten Stock, den man über eine eigene Treppe erreichte, wurden auch die wertvollen Dokumente und das Ratssilber aufbewahrt. In der Vorhalle vom Erdgeschoss regelte das Marktgericht Streitigkeiten beim Verkauf

von Waren. In der Halle dahinter lagerten und verkauften die Tuchhändler ihre wertvollen Stoffe. Im Keller lagerte Wein, dort war aber auch ein Gefängnis.
Von den oberen Fenstern des Rathauses teilte der Rat den Bürgern Ratsbeschlüsse und Anordnungen mit. Auch Gerichtsurteile und andere Nachrichten wurden auf dem Markt mit Trompetenschall verkündet. Manchmal sagt man noch heute, wenn jemand keine Geheimnisse bewahren kann: »Musst du immer alles gleich raustrompeten?!« Wichtige Nachrichten wurden außerdem an die Türen von Stadtgebäuden und Kirchen genagelt.

Die geschnitzte Figur des Kaisers Heraklius aus einer Szene im »Goldenen Wunder«

Der Kaiser hatte Dortmund zur Freien Reichsstadt erklärt und der Stadt besondere Rechte verliehen. Die Bürger hatten keinen Fürsten als Herrn. Sie wählten vielmehr aus den Reihen vornehmer Familien die Ratsherren und hielten selbst Gerichtsverhandlungen ab. Die Menschen in den Dörfern vor der Stadt oder bei den Burgen und Schlössern mussten hingegen in Allem einem Fürsten oder Kirchenherrn gehorchen.
Die Dortmunder waren nur dem Kaiser untertan, und der war meistens fern. Auch deshalb sagte man damals: »Stadtluft macht frei«.

Forschungsaufgabe

Heute sieht der Markt völlig anders aus. Erkunde den Platz mit Freunden oder Freundinnen. Sucht Spuren der Vergangenheit und achtet dabei auf Straßennamen und Schrifttafeln. Wendet die Untersuchungsmethode des Mapping an (Seite 14 und 15). Zeichnet, malt oder klebt eine Karte des heutigen Marktes und tragt mittelalterliche Spuren ein.

Der Stadtrat musste sehr oft Recht sprechen. Bei manchen Vergehen wurde der Missetäter vor aller Augen am Pranger bestraft, der auf dem Markt stand. Man sperrte den Verurteilten eine zeitlang in den Trissel, einen erhöhten Korb, der sich drehen ließ. Bei schweren Verbrechen waren die Strafen noch viel furchtbarer. Wie in jeder Stadt stand der Galgen auch in Dortmund außerhalb der Stadtmauer.
Es ist keine einfache Aufgabe, über andere Menschen zu Gericht zu sitzen, Urteile zu fällen und zu strafen. Das wusste man auch im Mittelalter. Deshalb gingen die Ratsherren vor wichtigen Gerichtsverhandlungen zum Gerichtsgottesdienst in die Marienkirche, um Gottes Beistand zu erbitten. Und deshalb hing auch in fast jedem Rathaus ein

Derick Baegert malte vor ungefähr 500 Jahren dieses Gerichtsbild für das Rathaus in Wesel. Das 120 Zentimeter hohe und 144 Zentimeter breite Gemälde befindet sich noch heute in Wesel. Der Maler schuf auch das große Altarbild in der Dortmunder Propsteikirche.

Vor etwa 700 Jahren wurden solche Brillen erfunden.

Gerichtsbild, meistens in dem Saal, wo die Prozesse stattfanden. Das Gemälde mahnte die Ratsherren, gottesfürchtig, wachsam und gerecht zu sein. Es mahnte aber auch die Angeklagten und Zeugen vor den Folgen eines gottlosen Meineides.

Das Bild von Derick Baegert zeigt eine Gerichtsverhandlung. Der grün gekleidete Angeklagte soll gerade schwören, dass er die Wahrheit sagen wird. Er soll seinen Eid auf das Schwurkästchen mit dem Kreuz schwören, das ihm der Mann in dem vornehmen roten Gewand entgegenhält.
Engel und Teufel versuchen, den Angeklagten zu beeinflussen. Der rabenschwarze Teufel hat ihn gepackt und will ihn zum Meineid, also zum Lügen verführen. Der Engel hingegen warnt den Angeklagten vor den teuflischen Einflüsterungen. Er solle lieber die Wahrheit sagen, denn sonst werde er nach seinem Tod in die Hölle kommen.
Im Vordergrund stehen weitere Beteiligte des Prozesses. Hinten in der Mitte sitzt der Richter in einem pelzbesetzten Gewand aus einem erlesenen Seidenstoff mit Goldfäden (schau mal auf Seite 83!). Auch die fünf Ratsherren neben ihm sind reich gekleidet. Sie diskutieren lebhaft darüber, was gerade passiert. Der Richter zeigt auf ein Bild im Raum, das Christus als den Richter über die ganze Welt zeigt.

Die Inschrift am Fuß das Taufbeckens in der Reinoldikirche nennt den Namen des Bronzegießers: »Johann Winnenbrock«.

Die Dortmunder versorgten sich mit fast allen Dingen, die sie brauchten. In der Stadt arbeiteten Bäcker, Fleischer, Fischhändler, Schuster, Schneider, Töpfer, Schreiner, Stuhlmacher, Nagelschmiede, Schlosser, Korbmacher, Kannengießer, Hufschmiede, Sporenmacher und Helmschmiede und viele andere Handwerker. Manche Handwerksberufe gibt es nicht mehr, zum Beispiel Sattler, Kistler, Gürtler, Lederer, Seiler, Beutler, Kacheler und Kerzler. Ihre Namen verraten dir, was sie herstellten!

Manche Handwerksmeister fertigten besonders kunstvoll gearbeitete und einfallsreiche Werke. Deshalb gelten einige von ihnen heute als Künstler und ihre Werke als Kunstwerke. Das können Bilder, Figuren und andere Dinge aus Stein, Bronze, Holz und Elfenbein sein oder Kästchen, Gefäße, Reliquiare, Figuren und Schmuck aus Silber, Gold und Edelsteinen, aber auch bunte Glasfenster oder Kerzenleuchter, Bildteppiche und vieles mehr.

»Zünfte«

Die Handwerker waren im Mittelalter in Zünften organisiert, die auch Gilden genannt werden. Die Zünfte regelten, wann und wie jemand Meister wurde und wie viele Gesellen in einer Werkstatt arbeiten durften, oder wie lange die Ausbildung eines Lehrlings dauerte. Sie legten die Qualität ihrer Materialien fest und prüften alle fertigen Werke. Und sie sprachen Arbeitszeiten und Löhne ab.

In Dortmund lebten einige Künstler, die prachtvolle Goldschmiedearbeiten schufen. Zu den herausragenden Malern gehörte Conrad von Soest. Ihn wirst du später noch kennen lernen. Auch der Bronzegießer Johann Winnenbrock, der vor allem Glocken herstellte, erhielt nicht nur Aufträge aus Dortmund. In Soest gibt es noch eine Glocke aus seiner Werkstatt.

1469 fertigte der Dortmunder Bürger und Glockengießer Johann Winnenbrock das Taufbecken aus Bronze für die Reinoldikirche. Woher ich das so genau weiß? Das Datum und der Name sind auf dem Kunstwerk zu lesen. Im Mittelalter befand sich das Taufbecken in der Nähe vom Turm, heute steht es im Chor.
Erst im Zweiten Weltkrieg gingen die sechs bronzenen Löwen verloren, die früher das Taufbecken schmückten. Die Schriftbänder auf dem 133 Zentimeter hohen Taufbecken erzählen von der Bedeutung der christlichen Taufe.

Dortmund war im Mittelalter eine bedeutende Hansestadt mit ungefähr 7000 Einwohnern. Die Fernkaufleute brachten Waren aus nahen und fernen Ländern in die Freie Reichsstadt, darunter vielerlei Gewürze, etwa Safran und Pfeffer. Ein Schimpfwort für reiche Kaufleute lautete übrigens »Pfeffersack«.
Einige Großhändler handelten mit Bienenwachs oder Pelzen aus Russland, wieder andere verkauften wertvolle Tuche (Wollstoffe) aus dem heutigen Belgien. Auf den Seiten 80 bis 83 findest du mehr dazu.
Die mächtigen Fernkaufleute gehörten der einflussreichen Reinoldigilde an. Bei ihren Zusammenkünften sprachen sie über Geschäfte und Politik, aber auch über Hilfe für Arme und Kranke. Viele von ihnen waren Ratsherren. Die Männer und Frauen aus den vornehmen Kaufmannsfamilien zeigten ihren Rang in der Bürgergemeinde durch noble Kleidung und vornehmes Benehmen.

Im Mittelalter konnte man an der Kleidung sofort sehen, wer reich und mächtig war, wer nicht ganz so viel besaß, und wer sehr arm war. Nur die vermögenden und etwas besser gestellten Stadtbürger konnten sich feine Tuche, kostbare Pelze und Schmuck leisten. Noch heute sagt man über reichere Leute, dass sie »gut betucht« sind. Außerdem gab es Vorschriften, wer welche Kleidungsstücke tragen durfte oder musste, wie viel Stoff und welche Farben wem erlaubt waren.
Farbige und gemusterte Stoffe waren sehr teuer. Deshalb konnten sich die meisten Menschen nur Kleidungsstücke aus ungefärbten, gröberen Stoffen leisten. Wer in der braunen und grauen Menschenmasse bunt aussah, hatte Geld.

Forschungsaufgabe
Studiere Kunstwerke und sammle Informationen zu Kleidung im Mittelalter. Überlege dir Fragen – zum Beispiel: Was für Schuhe trug man vor 500 Jahren? Oder: Wie sah die Kleidung der Kinder aus? Achtung: Manche Künstler bildeten Kleidungsstücke ganz genau ab, andere dachten sich Gewänder aus.

Katharina und die Kaiserin

Dortmund, 22. November 1377

Die zwölfjährige Katharina war wütend, so richtig wütend. Ihre Mutter hatte sie schon mehrfach ermahnt, sich zu beherrschen. Ja sie wusste, dass Zorn und Neid Todsünden sind. Aber es war wirklich ungerecht, dachte Katharina, einfach hundsgemein! Schon im Mai hatte sich ihr Bruder Balthasar, der nur ein Jahr älter war als sie, mit ihrem Vater auf den weiten Weg nach Danzig gemacht. Balthasar würde dort für einige Jahre im Kontor von Onkel Albrecht alles lernen, was ein Kaufmann wissen und können muss. Und später würde er sicher noch mehr von der Welt sehen. Nur weil er ein Junge war! Katharina hatte Dortmund bisher nicht einmal für einen einzigen Tag verlassen.

Und jetzt war auch noch ihr kleiner Bruder Georg mit vor die Stadt gezogen, um den Kaiser willkommen zu heißen. Als vor einigen Monaten die versiegelte Botschaft Karls des Vierten in Dortmund eingetroffen war, hatte der Rat den Herrschereinzug in allen Einzelheiten geplant. Katharina wusste, dass ihr Vater gerade mit weiteren Ratsherren an der Spitze von 200 hochrangigen Bürgern dem Kaiser entgegenritt. Und Georg lief mit den Chorknaben aller Dortmunder Kirchen hinter den Nonnen und Mönchen her. Der Gesang der Schüler sollte der Stadt und dem Herrscher zur Ehre gereichen. Ihr achtjähriger Bruder hatte sich wochenlang aufgespielt, als wäre er der Großkhan von China. Und nun sah er den Kaiser lange vor ihr. Nur weil er ein Junge war! Eigentlich konnte sie sogar besser singen als Georg.

Als Stunden später alle Kirchenglocken in Dortmund läuteten, drängten zahlreiche Menschen zum Ostenhellweg, zum großen Markt und den umliegenden Straßen. Die Einwohner wollten den Kaiser in seiner Freien Reichsstadt gebührend begrüßen. Katharina war zu Hause bei ihrer kleinen, kranken Schwester geblieben. Sie versuchte ihre Enttäuschung zu bändigen. Ihre Mutter hatte ihr versprochen, dass sie den Kaiser morgen in St. Reinoldi sehen würde.

Dortmund, 23. November 1377

Am nächsten Tag saß Katharina inmitten vieler Frauen und Mädchen aus den angesehenen Familien der Stadt weit vorn in der Reinoldikirche. Die

Männer und Jungen saßen, wie es sich gehörte, auf der anderen Seite des Kirchenschiffes. Dahinter standen dicht gedrängt unzählige Leute. Alle wollten den Kaiser sehen, der würdevoll auf einem reich geschnitzten Sessel thronte. Katharina bewunderte sein großartiges goldgemustertes Gewand und den dunkelroten, mit Edelsteinen besetzten Mantel. Es erfüllte sie mit Stolz, dass ihr nobel gekleideter Vater mit den anderen Ratsherren in der Nähe Karls des Vierten saß.
Zum Ende des Gottesdienstes öffneten die Bürgermeister den Reliquienschrein des heiligen Reinoldus, zu dem nur der Rat die Schlüssel hatte. Es wurde ganz still in der Kirche. Katharina sah gebannt zu, wie der Kaiser selbst einen Armknochen und ein Schienbein des Stadtpatrons aus dem Reliquiar nahm. Anschließend wurde für den hohen Gast die Lebensgeschichte des heiligen Ritters mit Orgelmusik und Gesang der Chorknaben festlich aufgeführt. Katharina musste dabei immer wieder zu der riesengroßen, farbigen Reinoldusfigur hinüberschauen.

Dortmund, 6. Dezember 1377

Nach der Abreise des Kaisers verlief Katharinas Leben zunächst wie gewohnt. Sie lernte weiterhin von ihrer Mutter, ein so großes Haus zu führen. Das Mädchen hatte seinen Groll gegen die Brüder fast vergessen. Balthasar war weit weg, und Georg wieder ein normaler Achtjähriger.

Heute war jedoch ein besonderer Tag: Katharinas Pate, Onkel Segebodo, war zu Besuch, was selten genug vorkam. Der Bruder ihrer Mutter hatte als Tuchhändler ein Kontor in Brügge. Als ihr Vater und ihr Onkel ihre Geschäfte besprochen hatten, wandte sich Onkel Segebodo endlich Katharina zu: »Da du jetzt fast schon erwachsen bist, habe ich dir dieses Mal etwas ganz Besonderes mitgebracht.«

Als Katharina die äußere Leinenhülle aufschlug, blickte sie staunend auf einen kostbaren, roten Seidenstoff. Vorsichtig strich sie über die mit Goldfäden gewebten seltsamen Tiere und Blüten. Ihre Mutter lächelte sie an: »Nun müssen wir nur noch ein Fest dafür finden. Und ich glaube, ich weiß schon, wann du ein Kleid aus diesem wunderschönen Stoff tragen könntest!«

Dortmund, 17. Januar 1378

Erst gestern hatte Katharina den Stadteinzug der Kaiserin miterlebt. Elisabeth von Pommern und ihr Gefolge waren von der hochrangigen Abordnung der Stadt ehrenvoll begrüßt worden. Wenn Katharina die Augen schloss, sah sie noch immer den kunstvoll geschnitzten und vergoldeten Prunkwagen durch das Stadttor rollen.

Die Kaiserin hatte inmitten ihrer Hofdamen gesessen, die ihr zu Ehren allesamt zierlich herausgeputzt waren. Mit ihrem weiten, roten Samtmantel, der mit weißen Hermelinpelzchen gefüttert war, und der wunderbaren Krone entsprach sie genau Katharinas Vorstellungen von einer richtigen Königin. Heute morgen hatte Elisabeth von Pommern an einem Gottesdienst in der Reinoldikirche teilgenommen. Katharina fand es nur richtig, dass der Rat auch der Gemahlin des Kaisers einen Armknochen des Stadtpatrons geschenkt hatte. Und bald, in wenigen Stunden, würde sie der Kaiserin von Angesicht zu Angesicht gegenüber treten. Katharina drehte sich in ihrem neuen Kleid. Und sie würde heute das erste Mal richtig tanzen! Geübt hatte sie in den letzten Wochen wahrlich genug.

Man hatte den großen Rathaussaal für das Festbankett zu Ehren der Fürstin überaus prächtig hergerichtet. Elisabeth von Pommern thronte hoheitsvoll in der Mitte der langen Ehrentafel, über sich einen goldroten Baldachin. Sie trug ein edel schimmerndes Seidengewand in Blau, Rot und Gold und einen mit Glöckchen verzierten Gürtel. Auf dem Haupt der Kaiserin glitzerte eine reich mit Edelsteinen und Perlen besetzte Krone, die noch schöner und kostbarer als die erste war.
Zu Seiten der Fürstin hatten die Bürgermeister und Ratsherren Platz genommen. Die Tafel vor ihnen schmückte das blank polierte Ratssilber mit dem Dortmunder Wappen: Platten, Schalen, Kannen und Becher. Katharina war noch ganz schwindelig davon, dass sie gerade der Kaiserin vorgestellt worden war. Nun saß auch sie an einer der beiden anderen Festtafeln, gemeinsam mit Hofdamen und Rittern aus dem kaiserlichen Gefolge sowie mit Frauen und Männern, Jungfrauen und Jünglingen der vornehmen und reichen Familien der Stadt. Während Speis und Trank in mehreren Gängen aufgetragen wurden, unterhielten die Dortmunder Stadtpfeifer die Festgesellschaft mit Musik und Spiel. Katharina konnte sich nicht satt sehen an den herrlichen Gewändern aus fantastisch gemusterten Seidenstoffen, die – wie sie wusste – aus dem fernen Orient und aus Italien kamen. Sie war stolz auf ihr kostbares Kleid mit der kleinen Schleppe und den modisch weiten Ärmeln. Und nach dem üppigen Festmahl tanzte Katharina gemeinsam mit anderen jungen Leuten unter den Blicken der vielhochgeachteten Kaiserin ihren allerersten Reigen.

REINOLDUS

Der Stadtpatron und seine Kirche

Die Reinoldikirche war über viele Jahrhunderte die wichtigste Kirche in Dortmund. Hier kannst du viele alte Kunstschätze entdecken. Doch der Schatz, der den Dortmundern im Mittelalter am meisten bedeutete, ist nicht mehr hier: der Schädel und die Gebeine des heiligen Reinoldus. Reinoldus war der Stadtpatron von Dortmund. Die Menschen glaubten, dass der Heilige sie und ihre Stadt beschützt.
Immerhin gibt es in der Reinoldikirche noch das aus Stein gebaute Reliquienhaus. In diesem Schatzhaus wurden lange Zeit die kostbaren Reliquien des heiligen Reinoldus sicher verwahrt. Und in der Kirche steht seit fast 700 Jahren die riesengroße Figur des Stadtpatrons.

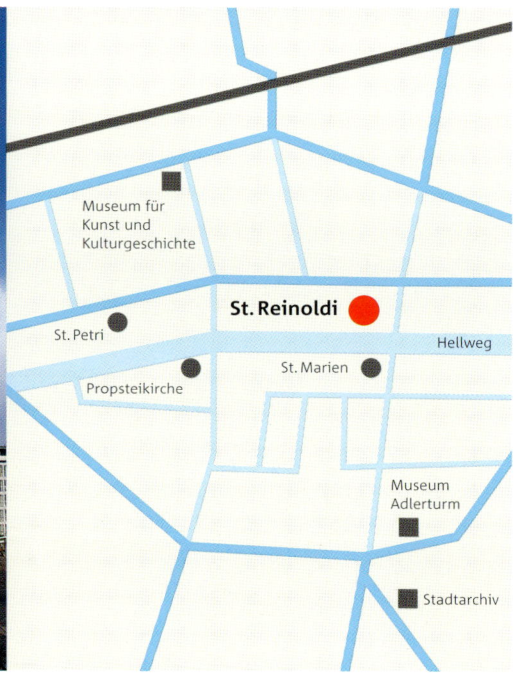

Auf dem hohen Turm der Reinoldikirche hielten im Mittelalter die Stadtmusikanten Tag und Nacht Wache. Entdeckten die Wächter ein Feuer oder eine andere Gefahr, bliesen sie ihre Trompeten. Die Spielleute verkündeten aber auch die Uhrzeit. Zu jeder vollen Stunde hörten die Dortmunder nicht nur die Stundenglocken aller Kirchen der Stadt, sondern auch den lauten Schall der Trompeten vom Reinolditurm. Außerdem mussten drei Trompeter jeden Morgen um 10 Uhr ein Musikstück spielen.

Aber was sind eigentlich Reliquien? Und warum sollten ausgerechnet Menschenknochen, denn das sind Gebeine, so wertvoll sein?

Reliquienhaus für die Gebeine des heiligen Reinoldus

Aus welchem Bild und aus welcher Kirche stammen diese Trompeter?

Heilige sind ganz besondere Menschen. Sie sind nicht nur sehr fromm, sondern oft auch sehr tapfer oder mutig. Manche von ihnen vollbringen viele gute Taten. Die Menschen verehrten die Heiligen wegen ihrer besonderen Eigenschaften und Taten. So rettete der heilige Georg eine Prinzessin und eine ganze Stadt vor einem furchtbaren Drachen. Die heilige Elisabeth trug einfache Kleider und half Armen und Kranken, obwohl sie eine Königstochter war.

Damals dachte man, dass Heilige nach ihrem Tod gleichzeitig im Himmel und auf der Erde sind, und dass die Reliquien daher Wunder tun können. Deshalb baten die Menschen die Heiligen um Hilfe, wenn sie krank waren oder andere Sorgen hatten und wenn sie Schutz brauchten.
Im Mittelalter befanden sich in jeder Kirche Heiligenreliquien. Für die Leute waren selbst die klitzekleinsten Knöchelchen, Haare oder Stoffreste voller heiliger Magie.

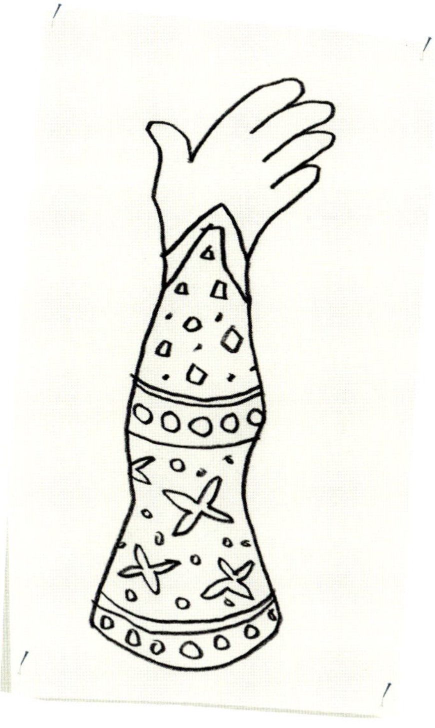

Aus diesem Grund bewahrte man die Reliquien in überaus prächtigen Behältnissen auf, die man Reliquiare nennt. Es gab ganz unterschiedliche Reliquiare: Schreine, Kästchen und andere Gehäuse, aber auch Reliquiare in Form von Körperteilen, Gefäßen, Taschen, Schiffen und anderem mehr. Ich habe einige für dich in den Kirchenschätzen und Museen gezeichnet.

»Reliquien«
Reliquien sind Dinge, die von Heiligen nach ihrem Tod übrig bleiben. Dies können das ganze Skelett, der Schädel, einzelne Knochen oder Zähne und Haare sein. Reliquien sind außerdem Kleidungsstücke und andere Dinge, die ein Heiliger vor seinem Tod getragen oder berührt hat. Im Mittelalter glaubte man, dass die Reliquien Wunder tun können.

Die Goldschmiede fertigten die Reliquiare aus Gold, Silber, Kupfer, Elfenbein, kunstvoll geschliffenem Bergkristall und Glas und verzierten sie mit Edelsteinen, Perlen, Korallen und anderen wertvollen Dingen. Wegen ihrer wundersamen Kraft wollten die Menschen die Reliquien möglichst sehen und am liebsten anfassen. Deshalb erfanden die Goldschmiede Reliquiare mit Fenstern, von denen manche sich sogar öffnen lassen, oder mit kleinen Türen.

 Vorderseite des Dreikönigsschreins, nach Abnahme der schmalen Platte

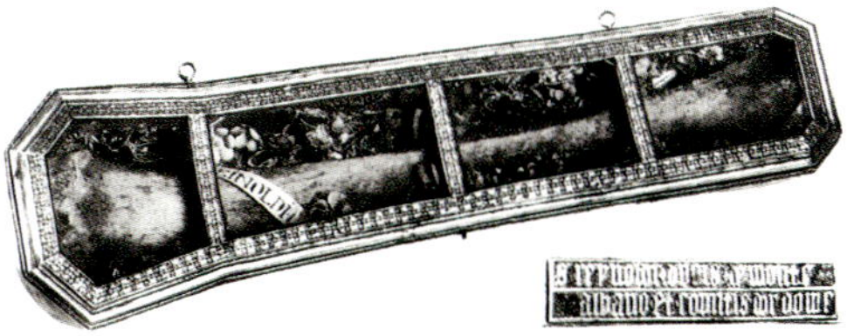

Als Kaiser Karl der Vierte 1377, also vor über 600 Jahren, Dortmund besuchte, schenkte ihm die Stadt einen Armknochen und ein Schienbein des heiligen Reinoldus. Der Kaiser nahm die Reliquien mit nach Prag. Auf dem Foto siehst du das Schienbein in dem Reliquiar, das Karl der Vierte damals machen ließ. Es ist noch immer in Prag.

Im Kölner Dom sind die Gebeine der Heiligen Drei Könige seit ungefähr 800 Jahren in einem prachtvollen Reliquienschrein eingeschlossen, der 1,53 Meter hoch, 1,10 Meter breit und 2,20 Meter lang ist. Der Dreikönigsschrein ist mit vielen heiligen Figuren, 1000 Edelsteinen und Perlen und anderen Kostbarkeiten geschmückt. Seit Hunderten von Jahren wird von der Vorderseite des Schreins am Dreikönigstag, dem 6. Januar, eine schmale Platte entfernt. Dann kann man in der Kirche durch das Gitter die drei gekrönten Schädel anschauen. Auf den Seiten 66 und 67 erfährst du mehr über die Heiligen Drei Könige.

Im Mittelalter gehörte der Reinoldikirche fast das gesamte Skelett des heiligen Reinoldus. Heute befinden sich die meisten Gebeine des Heiligen in der spanischen Stadt Toledo. In Dortmund besitzt nur noch die Propsteikirche eine kleine Reliquie des Stadtpatrons. Seltsamerweise ist der Schädel des heiligen Reinoldus spurlos verschwunden.

Dreikönigsschrein, Vorder- und rechte Langseite

Vor etwa 700 Jahren ließ man nicht nur die große Reinoldusfigur anfertigen, sondern auch ein neues Gehäuse für die Reinoldusreliquien. 500 Jahre später brauchten die Dortmunder dringend Geld, und so wurde dieses Reliquiar im Jahre 1792 zersägt und stückweise verkauft. Leider war die Fotografie damals noch nicht erfunden. Um trotzdem zu ermitteln, wie dieses Kunstwerk einst aussah, habe ich viele andere Reliquiare untersucht. So bekam ich eine Vorstellung davon, wie Reliquiare vor 700 Jahren aussahen. Außerdem gibt es im Stadtarchiv alte Dokumente, die das Dortmunder Reliquiar beschreiben.

Hier mein Forschungsergebnis: Das Reliquiar war eine Büste aus 24 bis 25 Pfund Silber, die mit Edelsteinen, Perlen, Korallen, Silberanhängern und Münzen geschmückt war. Reinolds Locken und der Bart waren stark vergoldet. Ganz oben war ein kleines Fenster, das sich öffnen ließ. So konnte man Reinolds Schädel sehen und berühren. Kaiser Karl der Vierte hat 1377 die Reliquie sogar geküsst! Aber wie die Reliquienbüste ganz genau aussah, wissen wir nicht. Ich finde es übrigens merkwürdig, dass es gleichzeitig einen Reinoldus mit Bart und einen Reinoldus ohne Bart in der Reinoldikirche gab.

Als nächstes suchte ich in vielen Bibliotheken nach der alten Dortmunder Reinoldusgeschichte. Oft liest und hört man nämlich nur die Legende aus Köln. Reinoldus war im Mittelalter auch in anderen Städten und Ländern bekannt, und überall wurde sein Leben etwas anders erzählt. Nach tagelangem Lesen hatte ich endlich eine Geschichte gefunden, die zu Dortmund passt. Sie spielt vor 1100 Jahren.

Die Geschichte des Reinoldus von Montauban

Reinoldus war der stärkste und mutigste der vier Söhne des vornehmen Ritters Haimon, der ein mächtiger Gefolgsmann Kaiser Karls des Großen war. Bei einem Fest am Kaiserhof tötete Reinoldus im Streit Karls Neffen, der ihn beleidigt hatte. Reinoldus konnte mit seinen drei Brüdern auf Bayard fliehen, seinem überaus starken und schnellen Pferd. Karl der Große verfolgte Reinoldus voller Hass und führte Jahrzehnte lang Krieg gegen ihn. Doch nie konnte der Kaiser den tapferen Ritter besiegen. Außerdem rettete Bayard seinen Herrn und dessen Brüder immer wieder aus schlimmsten Gefahren. Als Reinoldus durch einen Verrat seine stolze Burg Montauban verlor, flüchtete er nach Tremonia.

Als ich diese Stelle gelesen hatte, bin ich fast in die Luft gesprungen. Denn Dortmund wurde im Mittelalter auch Tremonia genannt. In dieser Geschichte flüchtete Reinoldus also nach Dortmund! Jetzt aber weiter:

Als Stadtherr besaß Reinoldus dort eine weitere Burg. Karl der Große belagerte auch Dortmund unerbittlich, doch nun verweigerten ihm seine Edelleute und Ritter die Gefolgschaft. Endlich kam es zum Friedensschluss. Reinoldus unterwarf sich Karl und musste ihm Bayard übergeben. Als der Kaiser jedoch das Wunderpferd ertränken wollte, entkam Bayard.

Nach einer Reise ins Heilige Land zog sich Reinoldus aus dem Leben eines edlen Ritters zurück. Er übergab seinen gesamten Besitz seinen Brüdern und wanderte ganz einfach gekleidet nach Köln. Dort half er zusammen mit Steinmetzen beim Bau des Domes. Aus Frömmigkeit nahm Reinoldus nur einen sehr geringen Lohn. Daraufhin erschlugen ihn einige Steinmetze voller Wut, denn sie wollten nicht für so wenig Geld arbeiten.

Die Mörder versenkten Reinoldus im Rhein. Doch bald geschahen Wunder: Fische brachten den Leichnam, der unerklärlich leuchtete, an die Wasseroberfläche, und Engelsgesang ertönte. Als man Reinoldus geborgen hatte und ihn in Köln beerdigen wollte, bewegte sich plötzlich der Karren mit seinen Gebeinen. Er fuhr von selbst und ohne Unterlass nach Tremonia. Bei Reinolds Ankunft läuteten alle Glocken von selbst. Viele Einwohner liefen herbei, und Kranke wurden auf der Stelle gesund. Als die Dortmunder ihren Stadtherrn erkannten, beerdigten sie Reinoldus und verehrten ihn fortan als Heiligen.

Vor ungefähr 700 Jahren gab vermutlich der Dortmunder Stadtrat die überlebensgroße Reinoldusfigur in Auftrag und bezahlte sie auch. Man weiß nicht, wer die Holzskulptur geschnitzt hat. Aber es ist deutlich zu sehen, dass man damals Reinoldus als heiligen Ritter haben wollte! Denn es war nur vornehmen Rittern gestattet, ein Schwert zu tragen.

Reinoldus steht auf der linken Seite vom Aufgang zum Chor, die Skulptur Kaiser Karls des Großen auf der rechten Seite. Der Chor mit dem Altar und dem Reliquienhaus ist vom größten Teil der Kirche durch mehrere Stufen getrennt. Damals war es nur dem Pfarrer, weiteren Geistlichen und den Bürgermeistern und Ratsherren erlaubt, diesen heiligen Bereich zu betreten. Alle anderen Leute durften sich nur in der übrigen Kirche aufhalten. Damals gab es übrigens noch nicht viele Kirchenbänke im Langhaus.

Der Stadtpatron wendet sich zum großen Kirchenraum und damit an alle Besucher. Man kann die Skulptur von überall her sehen. Im Mittelalter konnten Arm und Reich, Jung und Alt, Groß und Klein ganz nah an die Figur herantreten und vor ihr ein Gebet verrichten oder den heiligen Reinoldus um Hilfe oder Schutz bitten.

Blick in den Chor der Reinoldikirche

Du fragst dich sicher, wie man eine so große Skulptur überhaupt hergestellt hat. Viele Kunsthistoriker und Restauratoren, die für die Erhaltung von Kunstwerken sorgen, haben das natürlich auch überlegt. Die Untersuchung mittelalterlicher Kunstwerke aus Holz hat Folgendes ergeben: Nach dem Fällen der Bäume musste das Holz eine längere Zeit lagern und durchtrocknen. Der Bildschnitzer suchte sich jeweils passendes Holz für seine Werke aus.

Nachdem der Holzblock in eine Bildhauerbank eingespannt war, zeichnete der Meister mit Kohle seinen Entwurf auf das Holz. Anschließend arbeiteten die Gesellen und Lehrlinge die groben Umrisse der Figur mit Säge, Axt und Beil sowie Schnitzeisen heraus. Sie trugen alles überflüssige Holz ab und höhlten meistens die Rückseite aus. Der Rohling, also die erst roh bearbeitete Figur, konnte dabei auf der Bildhauerbank gedreht werden.
Danach führte der Meister selbst die feinteilige Ausarbeitung der Skulptur mit Schnitzmessern und anderem Werkzeug aus. Oft halfen ihm Gesellen. Je bewegter und feinteiliger eine Figur ist, desto schwieriger war ihre Herstellung. Auch das Schnitzen der Gesichter, Haare und Hände, der Kleidungsstücke mit vielen Falten oder etwa einer Krone verlangte ein meisterhaftes Können.

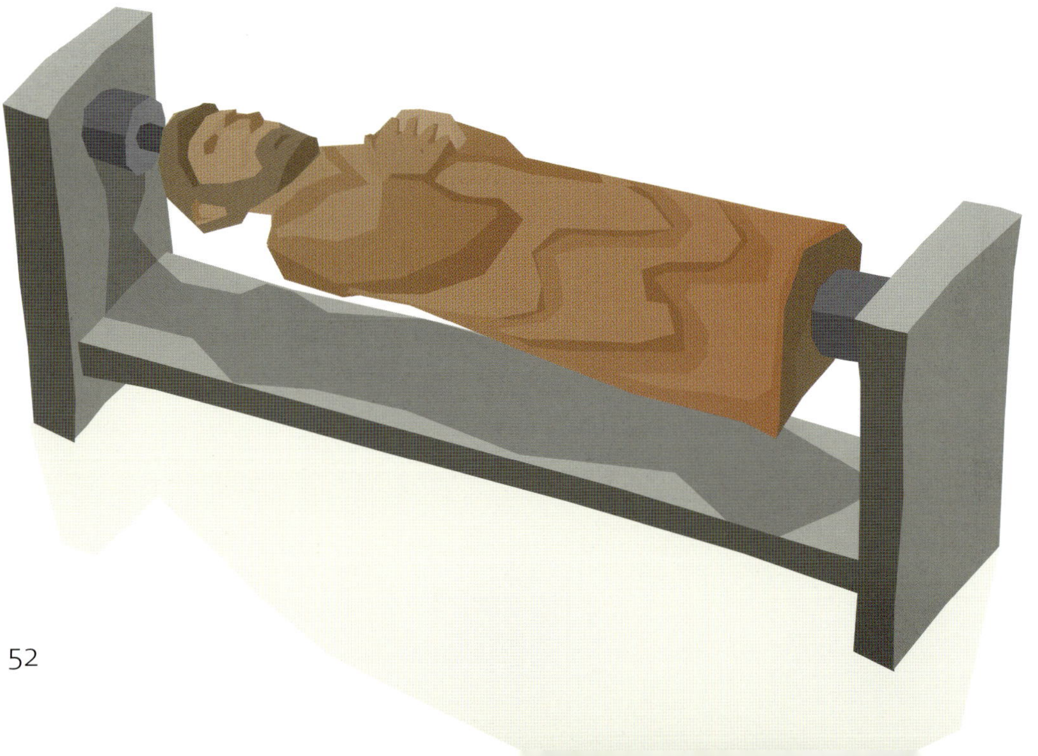

Forschungsaufgabe

Überprüfe, welche Teile von Reinoldus und vom Kaiser (Seite 59) besonders genau und mit viel Aufwand geschnitzt sind.
Der Kaiser wurde etwa 170 Jahre nach dem Stadtpatron angefertigt. Schreibe auf, welche Unterschiede du siehst.

Die ungefähr 2,70 Meter große Figur des heiligen Reinoldus steht keineswegs so stocksteif wie ein Holzklotz da. Sie besteht auch nicht nur aus einem einzigen Holzblock. So hat man sicher den erhobenen Arm, das Schwert, den Schild und vielleicht auch den bodenlangen Mantel extra geschnitzt und später angestückt. Schau dir mal die Skulptur in der Kirche von verschiedenen Seiten genau an! Der Oberkörper ist leicht gedreht und zur Seite geneigt. Der junge Ritter hat seinen rechten Arm mit dem Schwert kraftvoll erhoben und schützt sich mit seinem Schild. Der Löwe ist übrigens Reinolds Wappentier. Es sieht aus, als könne der Stadtpatron jederzeit kämpfen.

So wie die Statue des Heiligen heute aussieht, hätte sie im Mittelalter aber kein Auftraggeber abgenommen und bezahlt. Holzskulpturen wurden damals von Malern gefasst, das heißt farbig bemalt und oftmals auch vergoldet. Auf den Seiten 130 und 131 ist genau erklärt, was eine Fassung ist. Vor ungefähr 100 Jahren hat man leider die Bemalung der Reinoldusfigur ganz entfernt. Ich wollte dennoch etwas über das mittelalterliche Aussehen des Stadtpatrons wissen. Deshalb habe ich in zahlreichen alten Kirchen nach Grabmälern von Rittern gesucht und sie ausführlich studiert. Als Kunsthistoriker arbeite ich viel mit Fotos, weil sie eine gute Gedächtnisstütze sind und das Vergleichen erleichtern.

Aus welchem Kunstwerk und aus welcher Kirche stammen diese Ritter?

Zu den von mir erforschten Grabmälern gehört auch das Grabmal der Brüder Gottfried und Otto von Cappenberg. Die Figuren der Ritter sind etwa 1,75 Meter groß. Auch dieses Kunstwerk entstand vor etwa 700 Jahren. Das steinerne Grabmal befindet sich in einer Kirche ganz in der Nähe: in Cappenberg.
Bei Skulpturen aus Stein sind die Einzelheiten oft sehr genau herausgearbeitet. Schau dir mal die Kettenhemden, Panzerstrümpfe und Sporen dieser Ritter oder ihre kunstvoll verzierten Schwertgürtel an. Bei Reinoldus mussten hingegen die Arme, der nur glatt geschnitzte Ringelpanzer und die Beine extra mit einem Kettengeflecht bemalt werden.

Mit einer farbenprächtigen Fassung konnte man Reinolds Kleidung also viel besser erkennen: Über dem faltigen Untergewand liegt das schwere, glatt fallende Kettenhemd. Darüber trägt der Heilige noch ein Gewand, das etwas anders ist als die Waffenröcke der Cappenberger Ritter. Solche Kleidungsstücke waren damals aus kostbaren, bunten Seidenstoffen genäht. Reinolds Schultermantel wird vorn von einem breiten Band gehalten. In den Löchern funkelten früher Halbedelsteine oder Glassteine. Reinolds Schwert war sicherlich vergoldet, und vielleicht hatte die Statue ja sogar echte vergoldete Sporen!

Irgendwann fiel mir auf, dass der Heilige keinen prunkvollen Gürtel für sein Schwert hat. Wie ein Mönch oder ein armer Mann trägt er nur einen einfachen Strick. Dieser Strick erinnerte alle Dortmunder an Reinolds besondere Frömmigkeit.

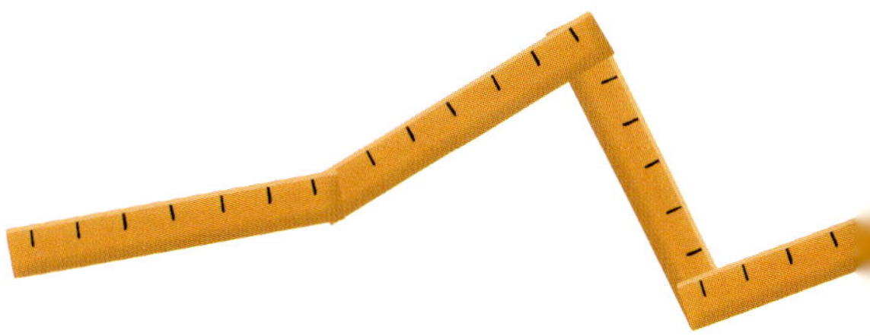

Skulpturen wurden häufig neu bemalt. Deshalb sah auch die Reinoldusfigur sicher im Laufe der Jahrhunderte immer wieder anders aus. Entwirf einen »bunten Ritter Reinoldus« und zeichne oder male ihn. Frage vielleicht Freunde, wie sie sich den Heiligen vorstellen. Ihr könnt dann eure Entwürfe vergleichen und diskutieren.

Am Ende des 15. Jahrhunderts, ungefähr 170 Jahre nach der Reinoldusfigur, wurde am Chor eine zweite 2,70 Meter große Skulptur aufgestellt: Kaiser Karl der Große. Damals erkannte jedermann sofort, wer das ist. Statt einer einfachen Königskrone trägt der Herrscher nämlich die kaiserliche Bügelkrone. Zudem hält er neben dem Szepter den Reichsapfel mit dem Kreuz. Der Reichsapfel ist ein wichtiges Zeichen für das Heilige Römische Reich und den Kaiser.

Karl der Große trägt eine Ritterrüstung, wie sie um 1470 üblich war. Über der Rüstung liegt ein enges, mit Pelz besetztes Gewand. Den faltenreichen, überlangen Mantel schmückt eine große Brosche. Der Kaiser wirkt mächtig, würdevoll und stolz. Auch diese Holzstatue war in leuchtenden Farben bemalt und sicher in Teilen vergoldet.

In der Reinoldusgeschichte ist Karl der Große eher ein Fiesling. Warum wollten dann die Dortmunder eine derart riesige Kaiserfigur in ihrer Stadtkirche? Die meisten Menschen haben gute und schlechte Eigenschaften. Karl der Große war ein berühmter und durchaus auch gerechter Herrscher. Man verehrte ihn als Gründer eines großen Reiches und als Beschützer der Kirche. Die Dortmunder glaubten, dass Karl der Große auch ihre Stadt gegründet hat. Die Kaiser gaben Dortmund das Recht, sich selbst zu regieren und selbst Recht zu sprechen.

Forschungsaufgabe

Kleidung und Rüstungen veränderten sich im Laufe der Zeit. Wie unterscheidet sich die Rüstung des Kaisers von Reinoldus Ritterrüstung? Schreib deine Beobachtungen auf. Du kannst die Figuren oder einzelne Teile auch zeichnen und Notizen dazu machen.

Die Forschung hat herausgefunden, dass die Kirchen im Mittelalter nicht nur religiöse Orte waren. St. Reinoldi war die Kirche des Dortmunder Stadtrats. Im Chor schworen die neuen Bürgermeister und Ratsherren ihren Eid, die Stadt gerecht zu regieren. Nur sie besaßen den Schlüssel zum Reliquienschrein. Deshalb hatten die Ratsherren einen Ehrenplatz in der Nähe des Schatzhauses mit den Gebeinen des heiligen Reinoldus.

Auf den Stufen zum Chor steht das Adlerpult. Es wurde in der ersten Hälfte des 15. Jahrhunderts in den Niederlanden geschaffen. Auf den Rücken des Adlers kann man ein Buch legen. Im Mittelalter wurde von hier das Evangelium verlesen.

In der Mitte des 15. Jahrhunderts, das heißt vor etwa 550 Jahren, schuf der Bildschnitzer Johann Brabender mit seiner Werkstatt die beiden prächtigen Sitzbänke im Chor. Im linken Chorgestühl saß der Rat, das Chorgestühl gegenüber war für die Kirchenmänner bestimmt. Die großen Holzbänke sind reich mit Figuren verziert, darunter die Himmelskönigin Maria, Ritter Reinoldus, weitere Heilige und Engel. Aber der Künstler hat auch viele unterhaltsame und merkwürdige Figuren geschnitzt, die du in einer Kirche vielleicht gar nicht erwartest. Auf jeder Seite der breiten Sitze hocken drollige Tiere, Wunderwesen und Monster. Die Bürgermeister und Ratsherren haben sich sicher nur selten gelangweilt!

Die Ohren des Kaisers

Peter war sich sicher: Gleich würden ihm die Ohren abfallen. Jetzt waren sie schon zwei Stunden unterwegs, um Kaiser Karl den Vierten am Steinernen Kreuz bei Körne in Empfang zu nehmen und nach Dortmund zu geleiten. Nachdem seine Ohren wegen der bitteren Kälte anfangs immer heftiger geschmerzt hatten, spürte er sie jetzt fast nicht mehr. Aber wenn er noch lange singen musste, würde ihm auch noch die Zunge erfrieren. Warum musste es ausgerechnet heute Nacht zum ersten Mal so kalt werden, dachte Peter. Zum Glück hatte er seiner Mutter nachgegeben und mehrere Kleidungsstücke übereinander angezogen. Jetzt trug er fast alle Sachen, die er besaß: zwei längere Hemden, seine beiden Hosen und eine dickere Jacke – das kürzere, langärmelige Wams für die wärmeren Jahreszeiten hatte er weggelassen. Seine Mutter hatte ihn einen sturen Dickschädel gescholten. Aber er konnte doch nicht in Allem nachgeben!
Der achtjährige Peter blickte zu Georg und Stefan, die unmittelbar vor ihm liefen. Den beiden Kaufmannssöhnen war sicher nicht so kalt wie ihm. Wie alle anderen Jungen, mit denen er die Schule von St. Reinoldi in der Nähe des großen Marktes besuchte, trugen auch sie zu oberst das weiße, weite Chorgewand. Doch alle Kleidungsstücke darunter bestanden sicher aus richtig dicken Stoffen. Peters Vater war Hufschmied. Es ging seiner Familie nicht schlecht, aber als Handwerker verdiente er nun mal nicht so viel. Doch dann grinste Peter: Georg und Stefan hatten immerhin so kalte Ohren wie er. Eine Kopfbedeckung war den Jungen heute nämlich verboten worden.

Der lange, aber wohl geordnete Menschenzug bewegte sich weiter durch die frostige Landschaft Richtung Körne. An der Spitze gingen paarweise die Nonnen des Katharinenklosters, dahinter die Franziskaner und Dominikaner. Sie alle hielten kostbare Reliquiare. Gemeinsam mit den anderen Schülern und Geistlichen der Dortmunder Kirchen folgte Peter den Nonnen und Mönchen. Ihr Lehrer hatte ihnen erklärt, dass mit den vielen Reliquien auch alle Heiligen aus Dortmund dem Kaiser entgegen zogen. Die Chorknaben, die mit einem grünen Kranz auf dem Kopf geschmückt waren, sangen zur Ehre Gottes immer wieder Lieder von Jesus, Maria und den Heiligen.

Inmitten der Prozession trugen einige Ratsherren die Reliquienbüste des heiligen Reinoldus unter einem prächtigen Tragehimmel. Durch die unzähligen brennenden Wachskerzen schimmerte und glänzte das Reliquiar umso mehr. Peter glaubte fast, die himmlische Kraft des Stadtpatrons spüren zu können. Plötzlich bemerkte er, wie eine Welle der Unruhe die Menschenschlange durchlief. Dann entdeckte auch er in der Ferne den Kaiser inmitten seines Gefolges.

Als Peter endlich den Kaiser aus nächster Nähe sah, war er zunächst enttäuscht. Karl der Vierte war zwar nobel gekleidet, aber er trug keine Krone! Doch als Peters Blick auf den pelzgefütterten Hut fiel, wusste er warum: Auch ein Kaiser hatte lieber warme Ohren. Und mit Staunen beobachtete der Junge, wie der allerhöchste weltliche Herrscher von seinem Pferd stieg, sich demütig vor Dortmunds himmlischem Stadtpatron verneigte und schließlich ehrerbietig das Haupt des heiligen Reinoldus küsste.
Der Weg zurück nach Dortmund schien Peter viel kürzer. Doch als er abends aufgeregt und todmüde zugleich neben seinen drei Geschwistern an der Feuerstelle lag, wusste er nicht mehr so ganz, wie alles weitergegangen war. Aber morgen würde er ja noch einmal für den Kaiser singen und sich bestimmt an alles erinnern.

Wie es dann weiterging, weißt du ja schon längst! Wenn nicht, kannst du das auf den Seiten 36 bis 39 nachlesen.

BILDERGESCHENKE

Warum Dortmunder Fernkaufleute und andere Einwohner Altarwerke an die Marienkirche schenkten, und was sie sich davon erhofften

Die Marienkirche ist die älteste Kirche Dortmunds. Sie wurde schon im 12. Jahrhundert erbaut. Der Altarraum – man spricht von »Chor« – wurde im 14. Jahrhundert vergrößert. Seither ist der Chor höher als derjenige Raum, in dem sich heute die Bänke für die Kirchengemeinde befinden. Dieser Gemeinderaum besteht aus einem höheren und breiteren Mittelteil sowie zwei schmaleren Seitenräumen: Man nennt das ein dreischiffiges Langhaus.

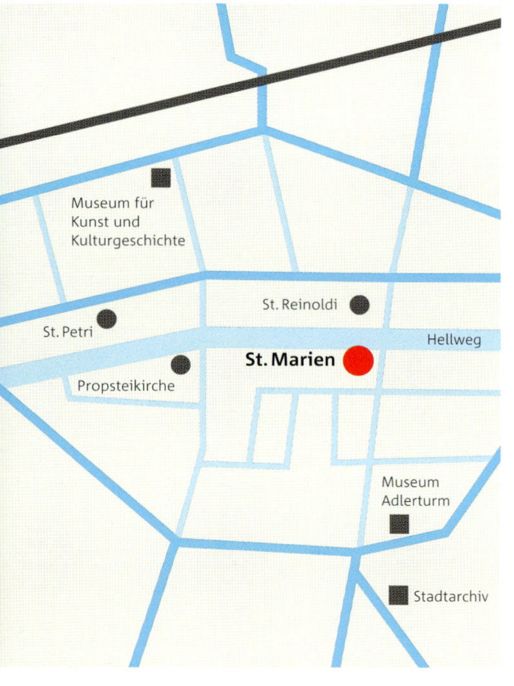

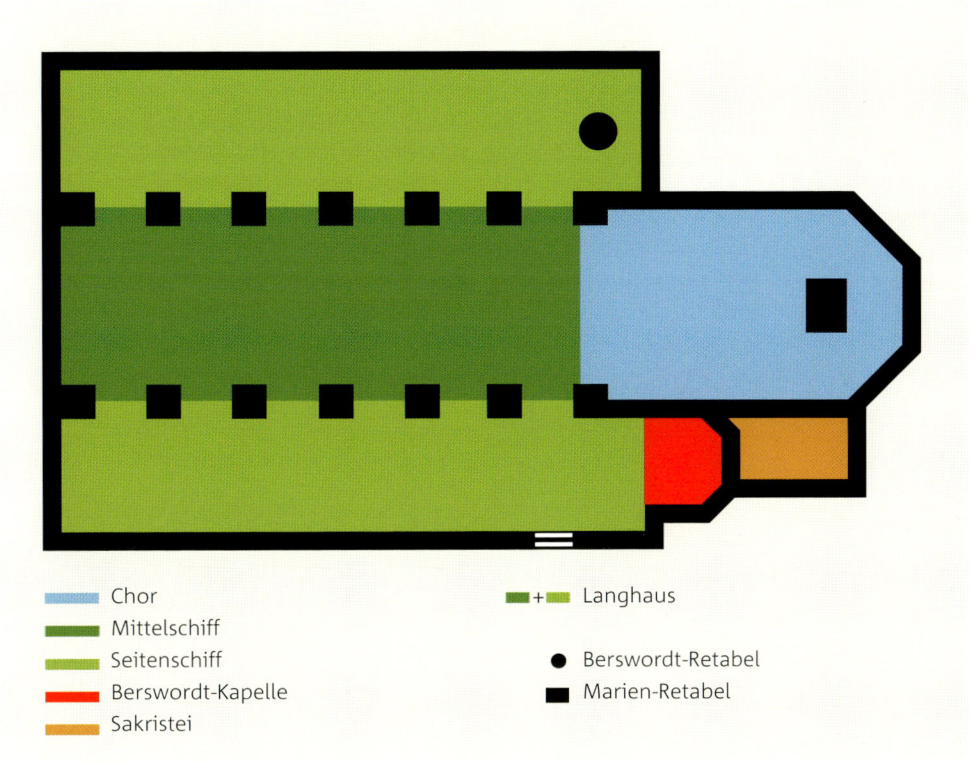

Heute sind von den großen mittelalterlichen Gebäuden in Dortmund nur noch vier Kirchen erhalten. Das alte Rathaus, das ebenfalls aus dem Mittelalter stammte, wurde nach dem Zweiten Weltkrieg leider abgerissen. Es hatten sich nicht genügend Menschen gefunden, die für seinen Wiederaufbau Partei ergreifen wollten. Doch auch die Kirchen sind Zeugen für das mittelalterliche Leben, nicht nur für die Religion. Hier können wir noch heute viele Geschichten aus dem Leben der Menschen erforschen, wie es früher war.

Es gab im Mittelalter mehrere Gerichtsorte. Die Prozesse fanden im Rathaus, im Richthaus und auf dem Marktplatz statt. Vor den Gerichtsverhandlungen gingen die Menschen in die Marienkirche. Dort gab es eine eigene Glocke für diese Gelegenheiten.

Warst du schon einmal in der Marienkirche?

Die Weihnachtsgeschichte kennt wahrscheinlich auch heute jeder. Sie handelt von der Geburt des Christkindes. Viele Menschen feiern jedes Jahr Weihnachten. In vielen Teilen der Welt werden die Jahre seit der Geburt von Jesus Christus gezählt. Das Jahr 2008 meint genau genommen das Jahr 2008 nach Christi Geburt. Große Teile des Altertums zählen wir rückwärts als Jahre vor Christi Geburt.

Das linke Bild des Marienaltars zeigt Maria in einem Bett. Sie hält das neugeborene Christuskind im Arm. Dahinter sitzt still der alte Josef. In der Bibel wird erzählt, dass Engel herbeikommen und singen. Kannst du sie sehen?

Auch von den Heiligen Drei Königen haben die meisten Menschen heute schon einmal gehört. Sie hatten in ihrer Heimat im Orient einen besonderen Stern gesehen.
Sie glaubten, dass er die Geburt eines wichtigen Königs verkünde. Deshalb machten sie sich auf, um diesen König zu suchen.

Das rechte Bild des Marienaltars zeigt ihre Ankunft bei Jesus Christus, den sie als König verehren. Maria sitzt auf einem Thron und hält das Christuskind. Zwei Könige sind niedergekniet, der dritte kommt gerade heran. Er wird von einem Diener begleitet. Alle haben Geschenke mitgebracht.

Doch wer kennt die Geschichte in der Mitte des Retabels? Um sie herauszufinden müssen wir das Gemälde genauer untersuchen.

»Retabel«

Ein Retabel ist ein Bilder-Aufsatz, der in einer christlichen Kirche hinter oder auf dem Altar steht. Das Retabel schmückt den Altar. Der Altar ist das eigentliche Zentrum einer christlichen Kirche. Hier wird die Messe, der Gottesdienst, gefeiert. Deshalb sind diese Bilder auch sehr wichtig. Eine besondere Form von Retabeln sind »Flügelaltäre«. Sie werden auf Seite 115 erklärt.

Das Marienretabel, wie es vor dem Zweiten Weltkrieg montiert war

Bei dem Gemälde des Marientodes lassen sich einige merkwürdige Beobachtungen machen. Hast du gesehen, dass links am Rand nur noch winzige Reste einer Figur zu sehen sind? Auch rechts oben sieht man nur eine Hand und einen roten Ärmel, aber nicht den Kopf der Figur. Was ist passiert? Nachdem das Bild um 1420, vor beinah 600 Jahren gemalt worden war, ist es offenbar mehrmals verändert worden.
Ich habe mir erstens alte Fotos von der Marienkirche und dem Retabel angeschaut und im Stadtarchiv nach Berichten aus früheren Jahrhunderten gesucht. Zweitens habe ich viele andere mittelalterliche Gemälde studiert. Ich wollte wissen, was das Bild ursprünglich gezeigt hat. Nach einer ganzen Weile habe ich es herausgefunden.

Im 18. Jahrhundert, vor beinah 300 Jahren, hat man die alten Gemäldetafeln verkleinert und in einen neuen Rahmen eingebaut. So sah das Retabel bis vor ungefähr 60 Jahren aus. Auf dem alten Foto kannst du

Forschungsaufgabe

In der Stadtbibliothek und im Stadtarchiv kannst du Bücher mit alten Fotos aus Dortmund ansehen. Frage dort nach alten Fotos von der Marienkirche und von den anderen mittelalterlichen Kirchen in Dortmund. Du kannst erforschen, welche Dinge auch in den anderen Kirchen beim Wiederaufbau nach dem Krieg verändert wurden. Wie sahen die Kirchen früher aus?

es so studieren. Im Zweiten Weltkrieg hat man nur die Gemälde in Sicherheit gebracht. Der Rahmen wurde zerstört. Danach hat man die Gemälde in einen modernen Rahmen gesetzt.
Was aber zeigte das Gemälde, bevor Teile abgesägt wurden? Das kann man am leichtesten beantworten, wenn man weiß, welche Geschichte dargestellt ist. Maria liegt in einem Bett, Engel sind herbeigekommen und schließen ihr die Augen. Sie ist gerade gestorben.
In der Geschichte heißt es, dass alle zwölf Apostel noch einmal zu ihr gekommen sind. Die Apostel sind übrigens die Begleiter von Jesus, die auf sehr vielen Retabeln immer wieder dargestellt sind: etwa als Skulpturen im Retabel der Reinoldikirche. Beim Tod Marias lesen sie Gebete und singen. Einer hat Weihrauch in ein kostbares Goldgefäß gefüllt, um ihn gleich anzuzünden, damit der Rauch die Gebete in den Himmel trägt. Ein anderer gibt Maria eine Kerze in die Hand. Doch neun Apostel fehlen heute auf dem Gemälde.

Ausschnitt aus dem Marientod, siehe auch Seite 66

Der Tod der Maria und ihre Krönung durch Christus aus dem Retabel in der Reinoldikirche. Das Altarwerk wurde um 1420 geschaffen, also etwa zur gleichen Zeit, als Conrad von Soest das Marienretabel malte. Es wurde allerdings in den Niederlanden, in Brügge, hergestellt. Dort haben es Dortmunder Fernkaufleute gekauft und der Reinoldikirche geschenkt.

Das Retabel in der Reinoldikirche zeigt ebenfalls den Tod der Maria. Hier sind alle zwölf Apostel zu sehen, von einem allerdings hat der Maler nur noch seinen Heiligenschein gemalt. Anders als beim Marienretabel ist auch noch eine Frau an das Sterbebett der Maria gekommen. Der Maler hat die meisten der Figuren ganz eng hintereinander gedrängt.
Das war beim Marienretabel anders. Das Bildformat war in die Breite gestreckt, und die Apostel befanden sich nebeneinander. Oben war in der Mitte ein Halbkreis mit der Figur von Christus zu sehen. Heute ist

nur noch ein kleiner Rest davon vorhanden. Christus hielt eine kleine Figur in der Hand. Die Menschen glaubten, Christus habe die Seele der Maria zu sich genommen. Diese Seele stellte man sich wie einen kleinen Menschen vor. In der Reinoldikirche sieht man bei dem Gemälde des Marientodes oben noch die Reste eines Engels: Er trug die Seele Marias in den Himmel.

Die Menschen glaubten, dass Maria gleich nach ihrem Tod in den Himmel gekommen sei. Sie soll dort von Christus gekrönt worden sein. Man nannte sie deshalb Königin des Himmels. Sowohl in der Reinoldikirche als auch auf der Außenseite des Marienretabels ist die Krönung der Maria dargestellt.
Du kannst in die Kirchen gehen und diese Kunstschätze studieren. Manchmal sind Teile der Kirche abgesperrt. Dann kannst du die Menschen, die dort arbeiten, bitten, dich näher an die Kunstwerke heranzulassen.

Im Mittelalter haben die Menschen viel Aufmerksamkeit darauf verwendet, sich auf den Tod vorzubereiten. Man wollte sich nicht quälen. Man bat etwa um Vergebung für die unrechten Dinge, die man getan hatte. Dann konnte man hoffen, in Frieden zu sterben. Auch war es wichtig, dass man nicht allein war. Der Tod der Maria war für die Menschen ein wichtiges Vorbild. Kannst du sehen warum?

Der Legende nach soll der heilige Lukas ein Bildnis von Maria gemalt haben, die er mit eigenen Augen gesehen hatte. Der Maler Derick Baegert aus Wesel zeigt in seinem Bild das Ereignis, als ob er selbst dabei gewesen sei: Der heilige Lukas sitzt vor seiner Staffelei, in der einen Hand die Palette mit den Malfarben, in der anderen den Pinsel. Er betrachtet aufmerksam Maria und den kleinen Jesus, bevor er wieder einen Pinselstrich auf das beinah fertige Gemälde setzt. Es ist fast so, als würden wir ihm beim Malen zuschauen.

Derick Baegert hat sein Tafelbild nach der Wirklichkeit gemalt, in der er lebte. Wohlhabende Stadtbürger wohnten vor 500 Jahren tatsächlich in solchen Häusern. Und ein ähnlich prächtiger Brunnen stand auch auf dem großen Markt in Dortmund. Allerdings hat der Künstler alles noch schöner und reicher gemacht. Und jede Winzigkeit war ihm wichtig. Schau dir mal das Christuskind oder das Gesicht und die Haare des heiligen Lukas genau an. Die vielen Einzelheiten auf dem Gemälde laden zu einem Spaziergang mit den Augen ein.

Der heilige Lukas war der Schutzpatron der Maler. Deshalb schmückten die Maler die Kapelle ihrer Zunft oder ihr Zunfthaus häufig durch ein Bild mit der Lukasmadonna. Vielleicht hat Baegert dieses über 100 Zentimeter hohe und etwa 80 Zentimeter breite Bild um 1490 für die Zunft in Wesel gemalt. Heute hängt dieses Gemälde im Westfälischen Landesmuseum für Kunst und Kulturgeschichte in Münster.

Derick Baegert lebte von etwa 1440 bis um 1509 in Wesel. Neben dem Gerichtsbild in Wesel, das du schon kennst, malte Derick Baegert auch das große Altarretabel für die Dortmunder Propsteikirche (Seite 88 bis 111).

In Dortmund kannst du sogar noch ein weiteres Bild von Derick Baegert studieren (Seite 110). Untersuche diese vier Gemälde und überlege, warum den Menschen damals Baegerts Bilder so sehr gefielen.

Im Mittelalter schufen die Maler Gemälde und Wandbilder für Kirchen, Burgen und Schlösser, Rathäuser und Wohnhäuser. Sie bemalten Figuren und andere Bildwerke aus Holz oder Stein, zum Beispiel Grabmäler und Ritterschilde – wie den Schild von Reinoldus. Außerdem stellten sie Stadtfahnen mit Heiligen und Wappen her und vieles mehr. Meistens befinden sich die Bilder eines Künstlers an vielen verschiedenen Orten. Deshalb reise ich als Kunsthistoriker viel herum, wenn ich bestimmte Maler und ihre Werke erforsche.

Oftmals kann ich kaum etwas über einen Künstler herausfinden. Im Stadtarchiv gibt es immerhin drei alte Dokumente zu Conrad von Soest. Dieser Maler lebte vor ungefähr 600 Jahren in Dortmund und gehörte zu den angesehenen Bürgern der Stadt. Zusammen mit seiner Frau Gertrud von Münster war Conrad von Soest Mitglied in der frommen Marienbruderschaft. Er wohnte zunächst am Ostenhellweg und ist später in die Gegend der Wißstraße gezogen. Er starb als wohlhabender Mann. Mehr wissen wir nicht. Von vielen anderen Künstlern findet sich allerdings überhaupt keine einzige Spur in den Archiven!

Doch lassen sich auch Kunstwerke als Zeugen der Vergangenheit befragen. So sind fast alle erhaltenen Tafelbilder des Conrad von Soest überaus kostbar und kunstvoll gemalt. Nur »betuchte« Leute oder Gruppen von Menschen konnten sich damals solche luxuriösen Gemälde leisten. Außerdem arbeitete Conrad nicht nur in Dortmund, sondern auch andernorts. Ganz offensichtlich schätzte man um 1400 seine Kunst. Der Maler führte sicher eine große Werkstatt in Dortmund.

Auf mittelalterlichen Kunstwerken sind nur sehr selten der Name des Künstlers und das Jahr der Fertigstellung vermerkt. Deshalb erforsche ich oft auch, wann etwa ein Bild entstanden ist und wer es möglicherweise gemalt hat. Eine grundlegende kunsthistorische Methode dafür ist das genaue Vergleichen von mehreren Kunstwerken.

Meistens studiere ich Kunstwerke nicht nur einmal. Und immer wieder entdecke ich Neues. Ich mache mir Notizen und fertige einfache Zeichnungen an. So kann ich die Kunstwerke später besser vergleichen.

Forschungsaufgabe

Studiere noch einmal die vier Gemälde von Derick Baegert. Was haben diese Bilder gemeinsam? Schreibe deine Beobachtungen auf.

Über viele Jahrhunderte stellten die Maler ihre Farben selbst her. Dafür brauchten sie zu aller erst Pigmente, also Farbstoffe. Wusstest du, dass die ältesten Malfarben der Welt Erden sind? Zu Pulver zerriebener gelber, roter und brauner Ocker gehörte lange Zeit zu den am häufigsten verwendeten Farbmitteln. Im Mittelalter gewann man Pigmente außerdem aus Gesteinen, die zerkleinert, zerstoßen und schließlich zermahlen wurden. Andere Farben wurden aus Pflanzen, etwa Blumen oder Beeren, gefertigt. Man nutzte aber auch tierische Farbmittel wie Insektenblut und wenige künstlich gefertigte Farbstoffe, etwa Bleiweiß. Die Pigmente stammten aus nahen und fernen Ländern. Deshalb handelten die Fernkaufleute damals auch mit Farbstoffen. Ich stelle dir hier einige wichtige Pigmente und Ausschnitte aus Kunstwerken in Dortmund vor.

»Rote Vielfalt«: Leuchtendes Zinnoberrot entstand oft aus Bergzinnober. Dieses Gestein wurde in Quecksilberminen in Spanien abgebaut. Für verschiedene helle Rottöne nahm man »Krapplack«. Für dieses Pigment benötigte man die Wurzeln einer Pflanze namens Färberröte, die etwa in der Türkei wächst. »Krapp« wurde aber auch in Deutschland angepflanzt.
Das dunkle Karminrot kam erst nach der Entdeckung Amerikas und der Eroberung Mexikos, also vor gut 500 Jahren, nach Europa. »Karmin« wird noch heute in Südamerika aus Milliarden von Schildläusen hergestellt, die auf Kakteen wohnen.

»Lauter Grün«: Das Pigment mit dem Namen »Berggrün« wurde aus Malachit gewonnen. Man holte dieses Gestein aus Kupferminen in Italien, Persien (dem heutigen Iran) und vielleicht auch aus Russland. Neben Malachit verwendeten die Maler vor allem »Grüne Erde« etwa aus Böhmen und künstlich angefertigten Grünspan.

»Blauer Zauber«: Ultramarin, das strahlendste, schönste Blau, wurde aus dem Halbedelstein Lapislazuli hergestellt. Ultramarin bedeutet »jenseits des Meeres«, denn Lapislazuli fand sich im Mittelalter vor allem in Afghanistan. Dieser Farbstoff war so teuer wie Gold.
Als zweitwichtigstes Blaupigment nutzte man »Azurit«. Dieses Gestein, das eine tiefblaue bis schwarze Farbe ergab, stammte vor allem aus Ungarn. Und dann kannte man auch noch »Indigo«. Für dieses Pigment brauchte man eine Pflanze namens Indigo aus dem fernen Indien.

»Gelb oder Gold?«: Safran ist noch heute das teuerste Gewürz der Welt. Er wird aus einer Blume, dem Safrankrokus gewonnen. Früher erzeugte man aus Safran aber auch ein hellgelbes, fast goldfarbenes Pigment. Im Mittelalter kam Safran oft aus Italien und Frankreich. Viel prächtiger war natürlich reines Gold. Hauchdünnes Blattgold wurde mit einem Zängelchen auf die Tafel aufgebracht, die mit einer klebrigen Masse bestrichen war. Manchmal hat man den Goldhintergrund sogar noch bemalt! (Auf den Seiten 130 und 131 findest du mehr zur Technik des Vergoldens.)

Doch mit Pigmenten allein kann man nicht malen. Man muss sie mit einem Bindemittel vermischen, damit sie untereinander und auf dem Malgrund kleben. Die mittelalterlichen Maler nahmen für die Herstellung der Farben meistens Eier und Pflanzenöle. Das Vermischen, das man auch Anreiben nennt, war Aufgabe der Lehrjungen oder Gesellen. Auf dem Gemälde von Baegert hat der heilige Lukas sogar einen himmlischen Helfer. Hast du ihn bemerkt?
Im Mittelalter wurden fast alle Bilder auf Holztafeln gemalt, daher der Name »Tafelbild«. Man trug die Farben nach und nach, oft in dünnen Schichten auf. Wichtige Teile malte der Meister selbst, häufig die Köpfe und die allerletzten Farbschichten. Andere Teile malten seine Gesellen. Es dauerte viele Wochen, bis ein Gemälde fertig war.

DAS GEHEIMNIS DER FARBEN

Paul hatte schon als kleines Kind die bunten und prächtigen Bilder geliebt, die es vor allem in den Kirchen zu sehen gab. Als er fast neun Jahre alt war, betrachtete Paul nach dem Gottesdienst in der Marienkirche wieder einmal ganz versunken ein Tafelbild. Und so nahm er den älteren Mann neben sich erst wahr, als dieser ihn ansprach. Auf die Frage, ob ihm das Bild gefalle, erwiderte Paul sofort: »Oh ja, sehr sogar. Seht ihr die vielen verschiedenen Rottöne, die der Maler benutzt hat?! Aus was diese Farben wohl gemacht sind? Das Blau von Marias Mantel leuchtet fast stärker als der Himmel. Ob die winzigen Löckchen vom Christuskind sogar mit Gold gemalt sind? Ich wüsste auch gern, wie ...«

Der Mann unterbrach den Jungen lächelnd: »Lernst du denn schon ein Handwerk?« Sofort verdüsterte sich Pauls Gesicht. »Am liebsten würde ich Maler. Aber das geht ja nicht. Ich werde Schuster, wie mein Vater. Außerdem könnte er sowieso kein Lehrgeld für mich zahlen. Deshalb werde ich sein Lehrling. Ich werde nie so wunderbare Bilder malen.« Paul blickte zu Boden, um seine Tränen zu verbergen.
Doch es kam alles ganz anders. Der freundliche Mann war nämlich Meister Lukas. Er schloss mit Pauls Vater einen außergewöhnlichen Handel ab: Paul sollte eine Zeit lang zunächst auf Probe in seiner Werkstatt arbeiten, ohne Lehrgeld. Allerdings sollte er weiter bei seiner Familie essen und schlafen. War Paul gut genug, würde Meister Lukas ihn später für ein geringes Lehrgeld als Maler ausbilden und, wie es üblich war, bei sich aufnehmen.

Paul strengte sich an wie niemals zuvor. Mit den richtigen Lehrlingen säuberte er von Montag bis Samstag die Pinsel, kratzte Farbreste von den Paletten ab und räumte die Werkstatt auf. Er strich die noch unbemalten Holztafeln mit einer Mischung aus Leim, zerriebener Kreide und Ölen ein. Und hinterher schliff er die Malflächen so glatt, wie er konnte. Bald durfte Paul auch einfache Erdfarben aus rotem und gelbem Ocker herstellen, die oft gebraucht wurden. Wann und wo er konnte, beobachtete er aufmerksam, was alles in der großen Werkstatt vor sich ging. Am liebsten sah Paul natürlich Meister Lukas und seinen Gesellen beim Malen und Vergolden zu.

Meister Lukas merkte, wie neugierig und wissbegierig Paul war, und dass er blitzschnell lernte. Nach einigen Wochen rief er den Jungen zu sich. Auf der Staffelei stand eine große Tafel, auf die der Maler das geplante Bild mit Holzkohle aufgezeichnet hatte. Der Hintergrund war schon fertig vergoldet. Der Meister wandte sich Paul zu: »Es wird Zeit, dass du deine erste wertvolle Malfarbe anreibst und sie verwendest.«
Und unter der Anleitung von Meister Lukas zerkleinerte der Junge ein Stück Bergzinnober und zerstieß den Stein sorgfältig in einem Mörser. Dann zermahlte er die rötlichen Brocken immer feiner, bis er das rote Pulver endlich auf die Anreibeplatte schütten durfte. Nun vermischte Paul das Pigment mit Öl und rieb die Malfarbe wieder und wieder mit einem steinernen Werkzeug an.

Und dann durfte Paul zum ersten Mal das Gewand einer Figur mit einer Schicht Zinnoberrot malen. Meister Lukas sah ihm zu und sagte nach einer Weile: »Je länger du das Zinnoberrot anreibst, desto schöner und leuchtender wird es. Andere Pigmente darfst du niemals so fein anreiben und auch nicht mit Öl vermischen.« Paul sah den Maler aufgeregt an: »Sind eure Farbrezepte geheim?« Der Maler erwiderte lächelnd: »Manche schon, zum Beispiel das Zinnoberrot.« Nun wusste Paul, dass Meister Lukas ihn tatsächlich für mehrere Jahre als Lehrling aufnehmen würde. Und gleich am nächsten Tag zog er in das Haus des Malers ein.

Dortmund war eine bedeutende Hansestadt. Wir haben heute beinah völlig vergessen, wie weit die Fernkaufleute im Mittelalter reisten. Sie hatten an vielen Orten Handelsniederlassungen, ihre »Kontore«. Auf der Landkarte kannst du sehen, wie weit das Netz der Hansekaufleute reichte: von den niederländischen Städten Brügge und Antwerpen nach London in England und Bergen in Norwegen, nach Reval (die Stadt heißt heute Tallinn und liegt in Estland) bis nach Novgorod in Russland. Natürlich trieben die Hansekaufleute auch Handel mit Italien und Spanien. Ihre Waren kamen teilweise sogar aus noch ferneren Ländern: aus dem fernen Orient, bis hin nach China und Indien.

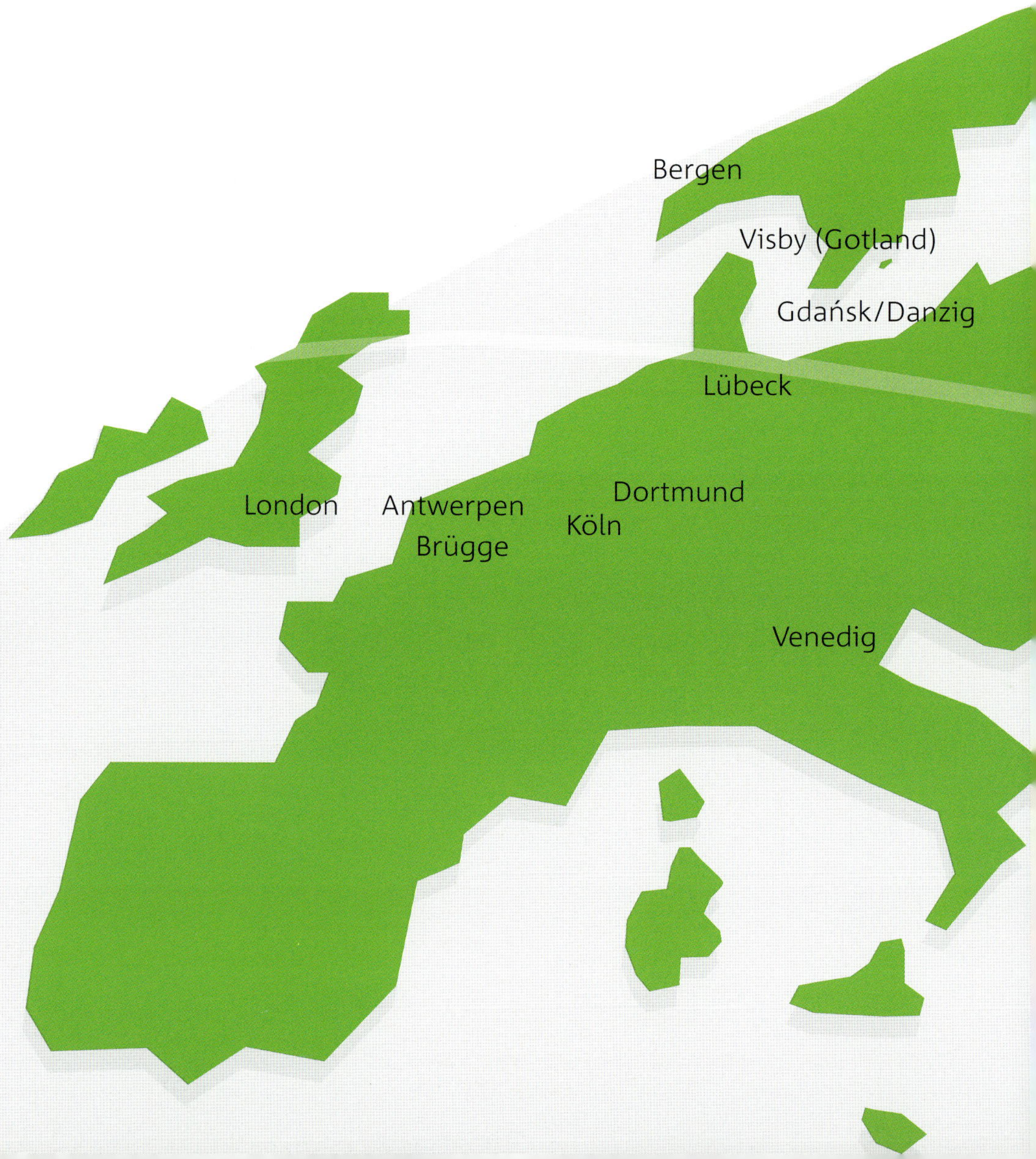

»Hanse«

Im Norden Europas schlossen sich die Fernkaufleute vieler Städte zusammen. Sie teilten sich die Kontore (Handelsniederlassungen). Und sie reisten gemeinsam, um sich vor Räubern zu schützen. Dieser Bund von Handelsstädten heißt Hanse.

Was für Dinge waren es, die die Fernkaufleute nach Dortmund brachten? Von den Pigmenten hast du schon gehört. Zu den besonders kostspieligen Waren gehörten Seidenstoffe. Am teuersten waren mehrfarbige Seidenstoffe und solche, in die Muster mit Goldfäden eingewebt worden waren. Diese Stoffe konnte man in Europa nur in Italien herstellen. Lange hatte es allein im Orient Handwerker gegeben, die imstande waren, so feine Gewebe anzufertigen. Sie konnten sogar Stoffe mit Darstellungen von fremdländischen Blumen und merkwürdigen Tieren weben! Natürlich waren solche Stoffe sehr begehrt – aber nur außerordentlich reiche Leute konnten es sich leisten, Kleider aus goldgemusterten Seidengeweben zu tragen.

In den Altären der Dortmunder Kirchen begegnen uns gelegentlich Personen, die in so kostbare Gewänder gekleidet sind. Die Heiligen Drei Könige gehören dazu, aber auch Joseph von Arimathäa. In der rechten Seitentafel des Berswordt-Altars hilft er dabei, Christus vom Kreuz abzunehmen. Er steht links unter dem Kreuz, streckt die Arme aus und nimmt ganz vorsichtig den leblosen Körper in Empfang. Die Bibel berichtet von ihm, dass er ein wohlhabender Ratsherr war. Deshalb

zeigt ihn der Maler in einem Gewand aus einem orientalischen Seidenstoff mit Goldmuster, in dem auch ein Dortmunder Ratsherr würdig hätte auftreten können.
Erhalten geblieben sind solche Kleider nicht. In Museen werden heute nur noch größere und kleinere Stoffstücke aufbewahrt. Selbst diese Reste zeigen noch, wie prächtig solche mittelalterlichen Gewänder waren.

Die Kaufleute, die dafür sorgten, dass solche Kostbarkeiten nach Dortmund gelangten, mussten dafür nicht alle selbst in ferne Länder reisen. Sie beteiligten sich an einem weiten Handelsnetz. In diesem Netz wurden Waren von Station zu Station befördert und ausgetauscht: Seidenstoffe, Edelsteine, Gewürze und Pigmente wurden aus dem Orient, selbst aus China und Indien, über Venedig und Brügge nach Nordeuropa gebracht.

Der Seidenstoff wurde im 14. Jahrhundert in Italien hergestellt und dann von Fernkaufleuten nach Danzig gebracht. Er befindet sich heute im St.-Annen-Museum in Lübeck.

Die Menschen waren im Mittelalter davon überzeugt, dass das Leben nach dem Tod in einer anderen Form weitergeht. Sie glaubten, dass die Verstorbenen vor einen Richter kommen sollten. Wer große Verbrechen begangen hatte, sollte in die Hölle kommen. Wer überhaupt nichts Schlechtes getan oder wie ein Heiliger gelebt hatte, würde in den Himmel gelangen.

Auf dem Ausschnitt aus dem »Goldenen Wunder« ist gezeigt, wie sich die Menschen im Mittelalter die Wirkung eines Gottesdienstes vorstellten. Während der Feier stehen Tote aus ihren Gräbern auf. Sie haben ihre Zeit im Fegefeuer abgeleistet und dürfen nun in den Himmel.

Doch was sollte mit Menschen wie dir und mir geschehen? Sie sollten in ein Zwischenreich kommen, das so genannte Fegefeuer. Hier können sie ihre Sünden abbüßen, um später in den Himmel aufgenommen zu werden. Und bei dieser Buße konnte man helfen! Jeder, der für sich selbst oder für einen bereits Gestorbenen ein gutes Werk tat, leistete solche Hilfe. Er half, die Zeit im Fegefeuer zu verkürzen.

Gute Werke gab es viele: Almosen geben (siehe die Seiten 110 und 111), Geld für Krankenhospitäler geben, Geld spenden, damit regelmäßig Gottesdienst gefeiert werden kann, Wachs für Kerzen in den Kirchen schenken. Die Menschen schenkten Kleider, die die Priester bei den Gottesdiensten tragen sollten. Sie schenkten Reliquiare oder Kelche und vieles andere mehr. Jeder sollte so viel geben, wie er konnte. Die Fernkaufleute mussten besonders viel geben. Immer wieder schlossen sich auch zahlreiche Menschen zusammen, um gemeinsam für ihre Memoria zu sorgen und manchmal eine große Schenkung zu machen.

Kannst du dir jetzt erklären, warum die Menschen im Mittelalter so viele Kunstwerke an die Kirchen schenkten?

Ein Mitglied der Dortmunder Familie Berswordt schenkte für die Memoria einen kostbaren Kelch aus Gold an die Marienkirche. Die Familie unterhielt dort einen Altar, an dem für ihre Memoria Gottesdienste gefeiert werden sollten. Heute gehört der Kelch der Mariengemeinde, die ihn noch immer für ihre Gottesdienste benutzt.

»Memoria«
Kein Mensch wollte lange im Fegefeuer sein. Deshalb sorgten die Menschen mit guten Werken für sich und andere vor. Man nennt diese Vorsorge Memoria. Das lateinische Wort bedeutet Erinnerung. Die Menschen erinnerten sich an gestorbene Mitglieder der Gemeinschaft und sorgten durch gute Taten weiter für sie in der jenseitigen Welt.

Etwa 30 Jahre früher als das Marienretabel wurde der Berswordt-Altar gemalt. Leider kennen wir den Namen dieses Malers nicht. Wir wissen auch bis heute nicht, in welcher Stadt er seine Werkstatt hatte. Vielleicht finden Forscher das aber noch heraus. Manchmal allerdings sind die meisten Gemälde eines Malers im Laufe der Jahrhunderte verloren gegangen, und wir finden keine passenden Dokumente in einem Archiv. Dann geben Forscher den Malern Notnamen. Diesen Maler nennt man schon lange den »Meister des Berswordt-Altars« oder kurz: »Berswordt-Meister«.
Der Berswordt-Altar ist genauso kostbar und kunstvoll gemalt wie der Marienaltar: mit wertvollen Farben und mit Gold. Warum die Figuren unterschiedlich groß dargestellt sind, erkläre ich auf den Seiten 100 und 101.

Auf den Ecken des Rahmens hat die Familie Berswordt ihr Wappentier anbringen lassen: ein springendes Wildschwein.

Die Kunstwerke in den Kirchen wurden für die Memoria geschenkt. Das lässt sich besonders gut am Berswordt-Altar in der Marienkirche entdecken. Hier nämlich hat eine Dortmunder Familie, die Familie Berswordt, ihr Wappen auf dem Retabel anbringen lassen. Eigentlich ist die Geschichte sogar noch komplizierter. Sie erzählt sich wie ein richtiger Krimi.

Zunächst hatte nämlich die Familie Lemberg einen Altar in der Marienkirche, den sie für ihre Memoria ausstattete. In diesem Zusammenhang schenkte sie auch das prachtvolle Retabel. Der Altar befand sich an anderer Stelle als heute. Er stand in der Kapelle, die heute Berswordt-Kapelle heißt. Während andere Familien und Zünfte sich mit Altären im Langhaus zufrieden gaben, besaß man hier eine eigene Kapelle: Damit konnte man sich in ganz Dortmund sehen lassen! Doch machte die Familie Berswordt der Familie Lemberg diesen besonderen Ort streitig.

Stück für Stück gelangten die Berswordts in den Besitz der Kapelle, des Altares und des Retabels. Dann ließen sie ihr Wappen auf dem Retabel anbringen. Jetzt diente es nur noch der Memoria ihrer eigenen Familie. Sie schenkten weitere Kunstwerke wie den kostbaren Kelch, den du schon kennen gelernt hast. Bis heute heißen die Kapelle Berswordt-Kapelle und das Retabel Berswordt-Altar! Man glaubt zwar heute nicht mehr an die Memoria, doch erinnern die Kunstschätze noch immer an diese Menschen.

STADT UND KLOSTER

Oder warum sich in der Propsteikirche die älteste Stadtansicht Dortmunds befindet

Bist Du schon einmal an einem Kloster vorbei gekommen? Seit dem 6. Jahrhundert, das heißt seit beinah 1500 Jahren, gibt es in der ganzen christlichen Welt Klöster. Gruppen von gläubigen Menschen schließen sich zusammen, um gemeinsam zu leben und regelmäßig mehrere Male am Tag zu beten und Gottesdienst zu feiern. Sie wollen sich ganz Gott zuwenden. Zu einer solchen Gemeinschaft gehören entweder nur Männer oder nur Frauen. Man nennt sie Mönche und Nonnen.

Die Gemeinschaften haben sich etwas unterschiedliche Regeln gegeben. Klöster, die nach derselben Regel leben, bilden einen Orden. Alle Orden sind fromm und gläubig. In ihren Lebensweisen und Zielen unterscheiden sie sich: die Benediktiner, die Zisterzienser, die Franziskaner und die Dominikaner und andere mehr.
Alle diese Orden hatten viele Klöster quer über Europa verteilt. Heute existieren nur noch wenige Klöster. Im Mittelalter aber ging aus beinah jeder Familie mindestens ein Sohn oder einer Tochter ins Kloster.

Mönche und Nonnen tragen eine besondere Kleidung. Man kann immer erkennen, dass jemand in einem Kloster lebt und zu welchem Orden er oder sie gehört. Man nennt diese Kleidung Habit.
Früher war die Propsteikirche die Kirche des Dominikanerordens in Dortmund. Hier lebte eine Gemeinschaft von Brüdern. So heißen die Mönche bei den Dominikanern.

Diese Skulptur wurde um 1480 geschnitzt. Sie zeigt den heiligen Dominikus, den Ordensgründer der Dominikaner.
Der heilige Dominikus, ein frommer Priester, gründete im Jahr 1215 einen neuen Orden: die Dominikaner. In rasantem Tempo entstanden Dominikanerklöster in ganz Europa: in Italien, Spanien, Frankreich, in den Niederlanden, an der Ostsee und anderswo. Im beginnenden 14. Jahrhundert wurde das Dominikanerkloster in Dortmund gegründet. Die Skulptur stellt Dominikus mit dem typischen Habit der Dominikaner dar. Er trägt eine weiße Kutte und darüber einen schwarzen Mantel mit Kapuze. Sein Erkennungszeichen ist ein Hund.

Dieser Platz zwischen Hellweg und Propsteikirche wurde von den Dominikanern als Predigtplatz genutzt. Er ist inzwischen durch die Gebäude rechts verkleinert worden.

Viele Klöster lagen mitten in der Natur, fernab von den Städten. Die Mönche und Nonnen betrieben dort Landwirtschaft. Meistens unterhielten sie große Bibliotheken. Im 13. Jahrhundert wurden neuartige Orden gegründet, die sich auch in Städten niederließen. Die wichtigsten waren die Franziskaner und die Dominikaner. Sie hatten keine eigene Landwirtschaft, sondern mussten sich ihren Lebensunterhalt erbetteln. Man nennt sie daher Bettelmönche. Ihre Kirchen sollten auch nicht so prächtig wie andere Kirchen sein. Sie bauten deshalb keine großen Türme, sondern nur einen kleineren Turm, den man Dachreiter nennt.

Die wichtigste Tätigkeit der Franziskaner und Dominikaner war das Predigen. In oft stundenlangen Predigten erzählten und deuteten sie die biblischen Geschichten, sie ermahnten die Gläubigen und gaben Ratschläge für das Leben.

Ihr müsst euch vorstellen, wie wichtig diese Predigten für die Menschen des Mittelalters waren: Es gab noch keine gedruckten Bücher und sowieso noch kein Radio oder Fernsehen. Berühmte Prediger reisten durch Europa und predigten an vielen verschiedenen Orten.

Oft waren die Kirchen zu klein für all die vielen Zuhörerinnen und Zuhörer. Es gab daher meistens auch einen Predigtplatz vor der Kirche. In Dortmund existieren noch immer Reste dieses Predigtplatzes. Allerdings ist die frühere Bedeutung des Platzes in Vergessenheit geraten. Es erinnert eigentlich überhaupt nichts mehr an seine Geschichte.

Forschungsaufgabe

In der Propsteikirche sind viele Bilder von Dominikanern zu entdecken. Sie erinnern an die Vergangenheit, als die Kirche noch zum Dominikanerkloster gehörte. Manche dieser Brüder sind als Heilige gezeigt. Sie tragen Heiligenscheine hinter ihrem Kopf, damit man sie erkennen kann. Andere beten. Auf einem weiteren Gemälde predigt der heilige Dominikus von einer Kanzel. Wie viele Brüder findest du in der Kirche?

Zu einem Kloster gehört nicht nur eine Kirche. Es umfasst vielmehr verschiedene Gebäude, in denen das ganze Klosterleben stattfinden kann. Man benötigt unter anderem einen Schlafsaal (das »Dormitorium«), einen Speisesaal (das »Refektorium«), eine Bibliothek und einen Aufenthaltsraum, in dem man sich unterhalten kann. In vielen Teilen des Klosters mussten die Brüder schweigen.
Vor 200 Jahren wurde das Kloster der Dortmunder Dominikaner aufgelöst. Die Kirche wurde eine katholische Pfarrkirche. Man benötigte die anderen Klostergebäude nicht mehr. Sie wurden umgebaut oder sind im Laufe der Jahre verfallen.

Typisch für ein Kloster ist der Kreuzgang, ein Innenhof mit einem überdachten Umgang. Hier konnten die Brüder herumlaufen und nachdenken oder miteinander reden. Von diesem Kreuzgang sind heute noch Teile erhalten. Allerdings hat man die Fenster inzwischen verglast. Man kann den Kreuzgang auch aus der Kirche betreten. Warst du schon einmal dort?

In der Dominikanerkirche befand sich früher wie in allen Klosterkirchen eine Trennwand zwischen dem Raum der Brüder und dem Raum der anderen Gläubigen. Man nennt diese Trennwand Lettner. Man konnte sich gegenseitig hören, aber nicht sehen.
Die Brüder benutzten ein Chorgestühl: so wie die Geistlichen und Ratsherren in St. Reinoldi. Doch ist das Chorgestühl der Dominikaner nicht mehr erhalten. Moderne Holzbänke sollen wenigstens daran erinnern.
Im Chor trafen sich die Dominikaner mindestens sechsmal am Tag und in der Nacht zu den so genannten Stundengebeten. Sie sangen Lieder und beteten miteinander.

Forschungsaufgabe

Bei der Marienkirche (Seite 65) hast du gesehen, dass man Pläne von Kirchen zeichnen kann. Zeichne deinen eigenen Plan von der Propsteikirche oder von einer anderen mittelalterlichen Kirche in Dortmund.

»Lämmchen« und der Hund

Die achtjährige Agnes lebte mit ihrem Vater und drei Geschwistern in einem großen Haus am Westenhellweg. Zum Haushalt gehörten außerdem ein Geselle, zwei Lehrlinge, eine Magd und ein Knecht. Die Mutter von Agnes war kurz nach ihrer Geburt gestorben. Seither führte ihre ältere Schwester Anna das Haus. Ihr großer Bruder Bernhard war schon lange beim Vater in der Goldschmiedewerkstatt tätig. Keiner von ihnen hatte wirklich Zeit für Agnes. Nur bei Kunibert, der jetzt 17 Jahre alt war, war das immer anders gewesen. Obwohl auch er als Goldschmied arbeitete.

Und gerade deshalb war Agnes heute so traurig. So unendlich traurig, dass sie gar nicht wusste, wo die Trauer in ihr aufhörte. Morgen würde Kunibert in das Dominikanerkloster eintreten. Für immer. Das konnte doch nicht sein! Kunibert war doch immer da gewesen. Als sie noch sehr klein war, hatte es ihn schon seit langem gegeben. Kunibert hatte sie immer verstanden: wenn sie über etwas weinen musste, oder wenn ihr etwas richtig viel Freude machte. Zum Beispiel als ihre Puppe kaputt ging, oder als sie plötzlich fast alle Wörter richtig schreiben konnte.

Manchmal nannte Kunibert sie »mein Lämmchen«. Kein anderer nannte sie so. Ihr Bruder hatte ihr in der Franziskanerkirche ein Tafelbild mit der heiligen Agnes gezeigt, ihrer Namenspatronin. Kunibert hatte erklärt, dass zu jedem Heiligen ein bestimmter Gegenstand

gehört, der in der Legende vorkommt, oder eben ein Tier. Und so wurden sie auch gemalt. Zur heiligen Agnes gehört ein Lamm. Agnes liebte es, mit Kunibert die wunderbaren Bilder und Figuren in den Kirchen anzuschauen und die heiligen Geschichten zu hören. Und früh morgens war es dort meistens so friedvoll und still.

Kunibert fand seine kleine Schwester zusammen gekauert auf der Bank in der guten Stube. Ihr Gesicht war von Tränen nass, und ihr Mund zitterte. »Ach Lämmchen«, sagte er und nahm sie in den Arm. »Nicht so viel weinen. Für mich ist Morgen ein Freudentag, den ich schon lange herbei sehne.« Agnes schniefte: »Wie soll ich mich freuen, wenn ich dich nie, nie wiedersehe?«
Kuniberts Gesicht wurde ernst: »Es stimmt wohl, dass du mich lange nicht sehen wirst. Ich werde morgen erst als Novize, als Neuling, ins Kloster aufgenommen. So kann ich mich prüfen, und so kann Gott prüfen, ob dies der richtige Weg für mich ist. Der Prior, der das Kloster leitet, und die älteren Brüder werden mir in dieser Zeit beistehen. Erst nach dieser Prüfung werde ich, so Gott will, Dominikaner. Aber dann können wir uns ab und an wiedersehen. Wusstest du, Lämmchen, dass der heilige Dominik einen schwarzgefleckten Hund an seiner Seite hat?«

Über Agnes Gesicht zog ein winziges Lächeln: »Und wie ist das im Kloster, was machen denn Mönche den ganzen Tag?« »In Einfachheit und Stille leben und Gott dienen«, erwiderte Kunibert. »Ich werde keine persönlichen Dinge mehr haben und mit den anderen Brüdern gemeinsam schlafen, essen und beten. Mindestens sechsmal am Tag und mitten in der Nacht ruft uns die Glocke, um in der Kirche zu beten und Lieder zu singen. Andere Stunden des Tages verbringen wir in Schweigen und bei der Arbeit in der Bibliothek. Weißt du, ich kann dann immer weiter lernen. Vielleicht hörst du mich sogar eines Tages auf dem Predigtplatz.«
Agnes sah ihren Bruder lange an, dann fragte sie: »Kennst du einen solchen Ort auch für Mädchen und Frauen?« Kunibert lächelte: »Ja, hier in Dortmund gibt es etwa das Katharinenkloster oder in Hörde das Clarissenkloster. Du wirst schon ein Kloster finden, das zu dir passt. Wenn du das in einigen Jahren willst.«

Der Marienleuchter ist eine besondere Kostbarkeit. Von zwei Seiten sieht man die gleiche Maria mit dem Christuskind. Man spricht von einer Doppelfigur. Sie besitzt keinen Rücken, sondern hat statt dessen eine zweite Vorderansicht. Die Skulptur wurde um 1470 von einem Bildschnitzer angefertigt, der wahrscheinlich am Rhein lebte und arbeitete. Das Gehäuse aus Metall mit den Schalen für die Kerzen schuf 1523 der Dortmunder Schmied Bertold Smet. Offenbar ergänzten und verbesserten die Menschen dieses Kunstwerk über viele Jahre.

Im Mittelalter gab es – wie du weißt – noch kein elektrisches Licht. Man benutzte Öllampen und Kerzen in den Häusern, Klöstern und Kirchen. Wenn man nachts durch die Straßen ging, war es stockdunkel. Nur der Mond spendete Licht. Man musste seine eigene Laterne oder Fackel mitnehmen. Wachs war sehr teuer. Das meiste Kerzenwachs kam aus Russland, wo es aus Bienenwaben gewonnen wurde. Die russischen Händler verkauften es in Novgorod und Riga an die Hansekaufleute. Auch Dortmunder Kaufleute reisten dorthin.

Die Menschen schenkten immer wieder Wachs an die Kirchen. Sie wollten, dass für die Gebete und für die Memoria möglichst viele Kerzen leuchteten. Dafür ließen sie auch kostbare Leuchter anfertigen. Manche sind sogar mit Skulpturen geschmückt. Einige solcher Leuchter wurden im Gewölbe der Kirchen aufgehängt. Um die Kerzen anzuzünden, ließ man die Leuchter an einer Kette oder einem Seil herunter. Dann wurden sie wieder hochgezogen.

Nur wenige solcher Leuchter sind erhalten geblieben. Der Dortmunder Marienleuchter in der Propsteikirche ist eine besondere Kostbarkeit. Wenn alle Kerzen strahlten, muss es in der Kirche sehr prächtig und feierlich gewesen sein.

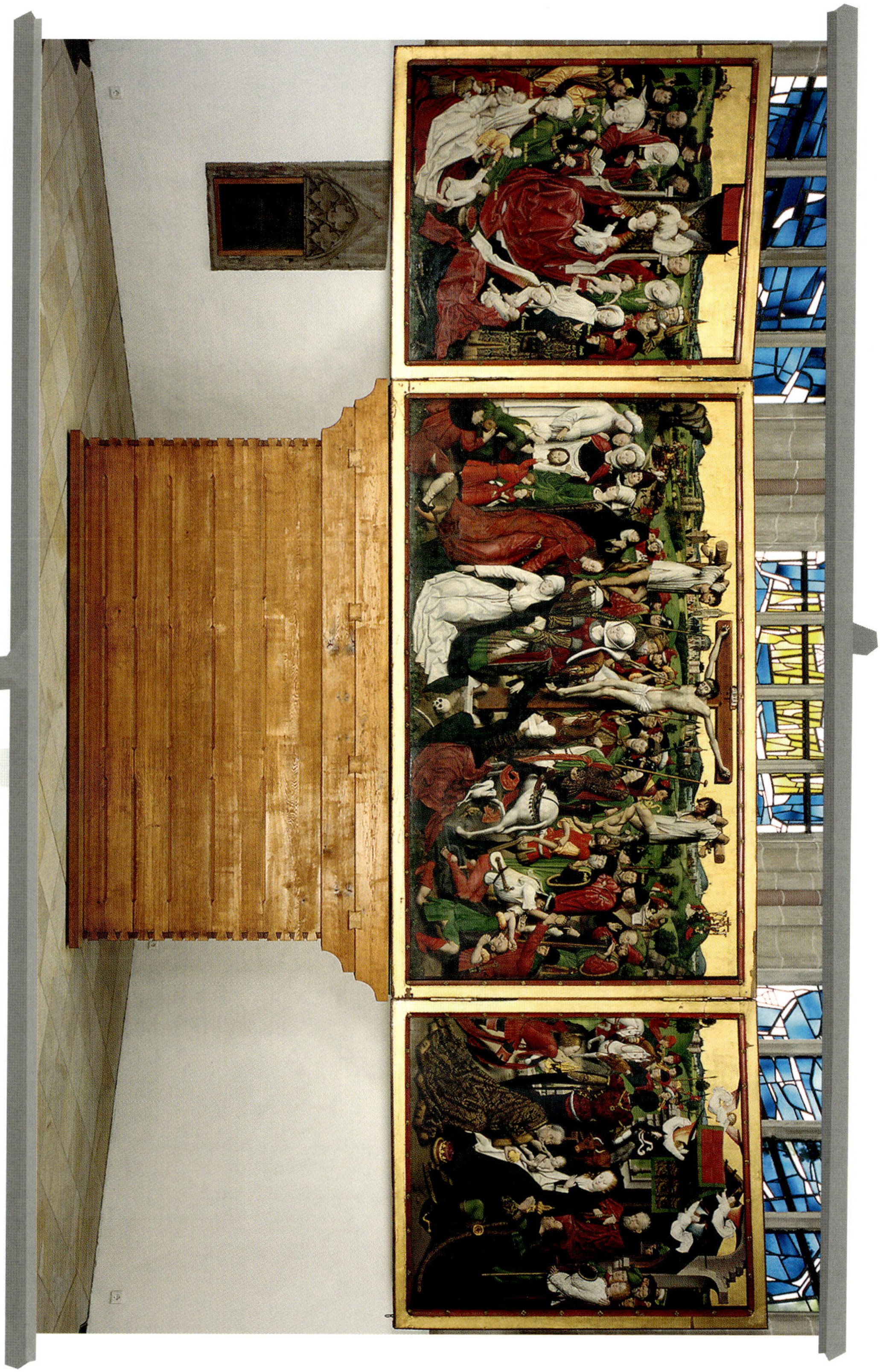

Gemalt haben Menschen schon in der Steinzeit, also vor mehr als 10.000, vielleicht sogar vor 15.000 Jahren. Fotos gibt es ganz und gar noch nicht so lange: noch nicht einmal 200 Jahre (die ersten Arten von Fotos entstanden 1826, die eigentliche Erfindung der Fotografie gelang 1837).

Ein Foto stellt die Welt erst einmal genau so dar, wie sie für uns Menschen aussieht. Doch hätten sich die Menschen des Mittelalters über unsere Fotos sehr gewundert. Sie waren ganz andere Bilder gewohnt. Ich glaube sogar, dass sie ihre eigenen Bilder besser gefunden hätten als unsere Fotos.
Die Menschen des Mittelalters wählten für ihre Bilder nämlich nur das aus, was sie wichtig fanden. Alles andere ließen sie weg. Die Bilder zeigten die Personen und Dinge, die den Menschen damals wichtiger waren, größer als die übrigen Personen und Dinge, die sie weniger wichtig fanden.

Wie heute mussten sich die Menschen im Mittelalter ein »Bild« von ihrer Stadt machen. Was war wichtig für Dortmund? Welche Gebäude durften auf einem Bild von Dortmund nicht fehlen?

Ich habe überlegt, an welchem Kunstwerk in Dortmund ich dir besonders gut zeigen kann, dass im Mittelalter die wichtigen Personen und Dinge besonders groß gemalt wurden. Ich glaube, es geht am besten beim Berswordt-Altar in der Marienkirche. (Du findest dieses Retabel auch auf den Seiten 86 und 87.)
Auf dem Ausschnitt siehst du viele Figuren, aber nur sehr wenige andere Dinge wie Felsen und Sträucher. Den meisten Platz nimmt Christus mit seinem Kreuz ein. Die zweitwichtigste Figur ist der Mann in dem roten Gewand. Er ist ein römischer Soldat, der gerade zum christlichen Glauben bekehrt wird. Am unwichtigsten sind die vier Männer unten rechts, die mit Würfeln spielen.
Auf dem Altarretabel in der Propsteikirche sind die Unterschiede nicht ganz so groß. Aber wenn du es genau untersuchst, kannst du sie auch dort finden. Schau einmal, wer wichtiger ist: der Dominikaner, der kniet und betet, oder die Heiligen und Christus hinter ihm.

Ausschnitt aus dem Berswordt-Altar in der Marienkirche

Forschungsaufgabe

Male dein Bild von Dortmund! Wähle die wichtigsten Gebäude aus, die du dafür brauchst!
Vergleiche dein Bild von Dortmund mit der Fotografie auf den Seiten 16 und 17!

Diese Stadtansicht von Dortmund ist im Hintergrund des Altargemäldes in der Dominikanerkirche gezeigt. Das ganze Gemälde findest du auf Seite 106, das ganze Retabel ist auf Seite 98 zu sehen.

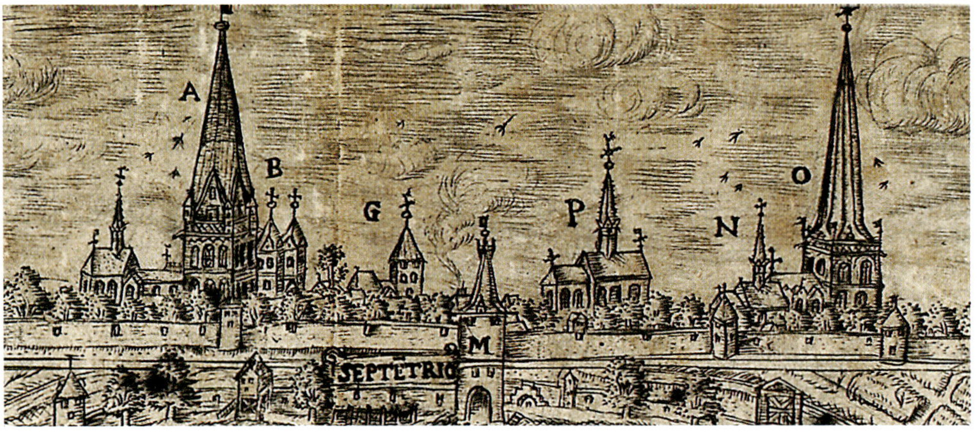

Der ganze Plan von Detmar Mulher ist auf Seite 23 abgebildet. Hier ist nur ein Ausschnitt zu sehen, damit du ihn mit dem Gemälde vergleichen kannst.

Die Menschen in den Städten dachten viel darüber nach, was eine gute Stadt ausmacht. Die Menschen sollten in Frieden miteinander leben. Sie sollten für Arme und Kranke sorgen.
Die Menschen im Mittelalter stellten sich den Himmel wie eine Stadt vor. Die Dominikaner predigten, dass sich alle Städte – also auch Dortmund – die himmlische Stadt zum Vorbild nehmen sollten. Sie ließen deshalb auch das erste Bild von Dortmund malen.

Die wichtigsten Bilder für die Menschen im Mittelalter waren Bilder von Geschichten aus der Bibel oder von den Heiligen. Von den Städten, in denen sie lebten, gab es lange überhaupt keine Bilder. Deshalb hat man auch sehr lange keine Bilder von Dortmund gemalt. Und auch später malten die Menschen Städte nur als Hintergrund für die heiligen Geschichten. Das kannst du in der Dominikanerkirche noch sehen.

Der alte Stadtplan von Detmar Mulher, den du schon kennst, ist erst ungefähr 130 Jahre später als das Gemälde in der Propsteikirche entstanden. In der Zwischenzeit hatte sich die Stadt kaum verändert. Und wenn man genau hinschaut, sind auch in diesem Plan die Kirchen eigentlich zu groß gezeichnet. Sie waren den Menschen eben besonders wichtig. Man kann also nicht einfach nach diesem Plan ein Stadtmodell bauen.
Erst wenn man weiß, wie die Menschen früher ihre Bilder gemacht haben, kann man sie heute richtig verstehen. Vielleicht kannst du dir jetzt auch noch besser vorstellen, was ich als Professor für Kunstgeschichte alles erforsche und wofür man mein Wissen immer wieder brauchen kann.

Forschungsaufgabe

Untersuche das Bild von Dortmund, das die Dominikaner für ihre Kirche malen ließen. Was war ihnen an ihrer Stadt besonders wichtig?

Das Flügelgemälde vom Altarretabel in der Propsteikirche stellt Jesus Christus dar, der die Gläubigen segnet. Johannes der Täufer, dessen Erkennungszeichen das Lamm ist, war der Patron der Dominikanerkirche. Er ist heute der Patron der Propsteikirche. Begleitet werden die beiden von zwei heiligen Dominikanern: dem Ordensgründer Dominikus, der neben Christus stehen darf, und einem Dominikanerbruder, der Petrus der Märtyrer heißt. Er wurde mit einem Schwert getötet. Die Namen der Heiligen sind in die Heiligenscheine geschrieben. Bei Christus ist ein

Kreuz eingezeichnet. Ein Dortmunder Dominikanerbruder ist niedergekniet und betet. Engel halten einen kostbaren Stoff hinter die Personen. Damit zeigt der Maler, wie wichtig Christus und die Heiligen sind.
Das Gemälde stellt Christus als Herrscher der Welt dar. Als Zeichen dafür stellt er seinen Fuß auf die Weltkugel.

Ich habe dieses Bild von der Weltkugel genau untersucht. Es zeigt uns heute, wie sich die Menschen vor 500 Jahren die Welt vorstellten. Nur was ihnen wichtig war, ist auf der Darstellung zu sehen.
In der Weltkugel, dem »Kosmos«, liegt die Erde. Man stellte sich die Erde als eine Scheibe vor. Umgeben ist die Erde von den Weltmeeren. Auf ihnen segeln Handelsschiffe. Auf der Erde befinden sich ein Berg mit einer Burg und eine große Stadt. Sie hat mächtige Stadtmauern mit Türmen und Stadttoren. Außerdem gibt es zahlreiche Kirchen. Diese Stadt sieht ungefähr so aus wie Dortmund. Offenbar fanden die Menschen, so müsse eine richtige Stadt aussehen. Auch der Handel mit fernen Ländern war offenbar wichtig und typisch.

Forschungsaufgabe

Male dein Bild von der Welt! Was ist besonders wichtig? Was ist typisch? Mache eine Zeichnung oder ein Bild von der Weltkugel in der Propsteikirche. Vergleiche beide Bilder.

In den vergangenen Wochen habe ich herausgefunden, wie die Menschen im Mittelalter Städte und die Welt gemalt haben. Jetzt will ich wissen, wie Kinder im Mittelalter dargestellt wurden. Natürlich hat man immer wieder das Christuskind gemalt und geschnitzt. In Dortmund sind in den Kirchen und im Museum viele mittelalterliche Bilder vom Christuskind erhalten.

In der Propsteikirche gibt es sogar ein Gemälde der Großfamilie von Jesus Christus mit ganz vielen Kindern. Einen Teil dieses Gemäldes kennst du schon, weil hier im Hintergrund die Stadt Dortmund zum ersten Mal dargestellt ist. Ich habe dieses Gemälde genau studiert. Mir ist aufgefallen, dass nicht alles auf dem Bild der Wirklichkeit entspricht. Natürlich liefen auch im Mittelalter Kinder nicht nackt in der Gegend herum.

Manche der Kinder tragen Kleidung wie die Erwachsenen. Kannst du sehen welche? Anders als heute gab es nur für kleine Kinder eine besondere Kinderkleidung. Bis zu ihrem siebten Lebenjahr trugen Mädchen wie Jungen lange Kittel oder Kleider. Ab dem Alter von sieben Jahren trugen die Mädchen Frauenkleider und die Jungen Männerkleider.

Andere Kunstwerke in Dortmund zeigen spielende Kinder. Hast du schon das Kind mit dem Steckenpferd entdeckt?
Auch im Mittelalter gingen in Dortmund viele Jungen zur Schule. Diese Schulen gehörten damals zu den Kirchen. Auch Mädchen lernten Lesen, Schreiben und Rechnen, allerdings zu Hause von der Mutter. Die Jungen erhielten außerdem in den Schulen Gesangsunterricht, damit sie bei den Gottesdiensten singen konnten.

Forschungsaufgabe

Untersuche, was die Kinder auf diesem Gemälde oder in anderen Kunstwerken tun. Schreibe deine Beobachtungen auf. Vielleicht möchtest du auch eine Zeichnung machen. So findest du nicht nur etwas über die Kunstwerke heraus, sondern auch über das Leben von Kindern im Mittelalter.

Alle Altarwerke in den mittelalterlichen Kirchen sind Zeugen für die Handelsbeziehungen Dortmunds. Das Altarwerk in St. Reinoldi wurde in Brügge gekauft, das »Goldene Wunder« in Antwerpen. Der Berswordt-Altar und der Marienaltar bilden die kostbaren Stoffe ab, mit denen die Fernkaufleute Handel trieben. Das Retabel in der Propsteikirche wurde in einer anderen Hansestadt bestellt: in Wesel am Niederrhein.

Die 1447 in Brügge geschaffene Kanne aus vergoldetem Silber, die heute zum Schatz von St. Reinoldi zählt, brachten die Fernkaufleute nach Dortmund. Auch das Schaugefäß für eine Reliquie entstand im heutigen Belgien. Es gehört heute dem Museum in Dortmund.

Auch auf diesem Retabel sind edle Stoffe dargestellt. Der Maler hieß Derick Baegert. Ich zeige dir noch weitere Gemälde von ihm in diesem Buch. Das Retabel in der Propsteikirche hat der Künstler um 1480 gemalt, also vor mehr als 500 Jahren. Damals stellten es die Dominikaner in ihrer Kirche auf. Die fünf Altarretabel in Dortmund zeigen deutlich, dass auch im Mittelalter nicht alle Bilder gleich aussahen. Auch damals fand man viele verschiedene Bilder schön.

Forschungsaufgabe

Auf vier Altarretabeln in Dortmund kannst du die Anbetung der Heiligen Drei Könige entdecken. Zwei der Bilder findest du in großen Fotos in diesem Buch. Vergleiche diese Bilder. Was ist ähnlich? Was ist anders? Suche auch die anderen beiden Bilder!

Aus der Werkstatt von Derick Baegert in Wesel sind in Dortmund mehrere Werke vorhanden. Das Hauptwerk in der Propsteikirche kennst du bereits. Auch das Museum für Kunst und Kulturgeschichte besitzt Gemälde von Derick Baegert. Der Maler führte in Wesel eine Werkstatt, in der sein Sohn Jan lernte. Im Museum findest du Gemälde, an denen Vater und Sohn gemeinsam gearbeitet haben.

Besonders beeindruckend ist die Tafel mit der heiligen Gertrud von Derick Baegert. Das Gemälde ist ziemlich groß: 175 Zentimeter hoch und 116 Zentimeter breit. Am linken Rand war es offenbar beschädigt und wurde im 19. Jahrhundert ergänzt. Ein solches Wesen, wie es links auf dem hohen Stein sitzt (es heißt Sphinx), kannte man im Mittelalter nicht. Heute würden Restauratoren ein Gemälde nicht mehr so verfälschen. Doch darüber mehr beim »Goldenen Wunder«.

An dem Gemälde mit der heiligen Gertrud kann man eine Menge über das Mittelalter lernen. Man kann studieren, wie die Menschen damals dachten und handelten. Hauptperson ist die heilige Gertrud. Sie war Äbtissin (Vorsteherin) eines Klosters im heutigen Belgien. Sie trägt einen Äbtissinnenstab. Schon beim heiligen Reinold hast du gelernt, an der Kleidung die Herkunft eines Menschen zu erkennen.
Gertrud trägt ein kostbares Kleid. Doch darüber trägt sie einen einfachen Mantel – so wie Reinold keinen kostbaren Gürtel, sondern einen einfachen Strick benutzt. So zeigten diese Heiligen, dass ihnen Reichtum nicht so wichtig war. Ihr frommes Leben bedeutete ihnen mehr. Wahrscheinlich ist die Heilige niemals mit solcher gemischten Kleidung herum gelaufen. Für ihr Bild veränderte der Maler also die Wirklichkeit, um besser zu zeigen, was für ein Mensch sie war.

Die Menschen verehrten Gertrud als Schutzpatronin der Reisenden und der Hospitäler. Auf dem Gemälde gibt sie einem Krüppel, aber auch reich gekleideten Reisenden Almosen.
Wie auf dem Bild befanden sich in der Wirklichkeit viele Hospitäler außerhalb der Stadtmauern. Man wollte sich vor ansteckenden Krankheiten schützen. Auch die Reisenden benötigten auf ihren oft gefährlichen Reisen außerhalb der Städte den besonderen Schutz der Heiligen.

DAS »GOLDENE WUNDER«

Der riesige Schnitzaltar aus Antwerpen, und wie die Restauratoren das Gold retteten

Laut und voller Menschen ist der Hellweg, die Einkaufsstraße mitten in der Dortmunder Innenstadt. Wenn du von hier aus in die St. Petri-Kirche trittst, ist es plötzlich still. Nur wenige Menschen sind in dem Gebäude. Anders als im Mittelalter ist die Kirche heute ganz hell. Hier findest du das größte Retabel in Dortmund. Es ist sogar eines der größten Retabel, die überhaupt aus dem Mittelalter erhalten sind. Es wurde in Antwerpen hergestellt und im Jahr 1521 nach Dortmund transportiert.

Seit fast 500 Jahren, beinah einem halben Jahrtausend, befindet es sich jetzt also in Dortmund. Es besteht aus mehr als 450 kostbar vergoldeten Skulpturen und über 40 Gemälden. Man kann jedoch niemals alle Bilder gleichzeitig sehen.

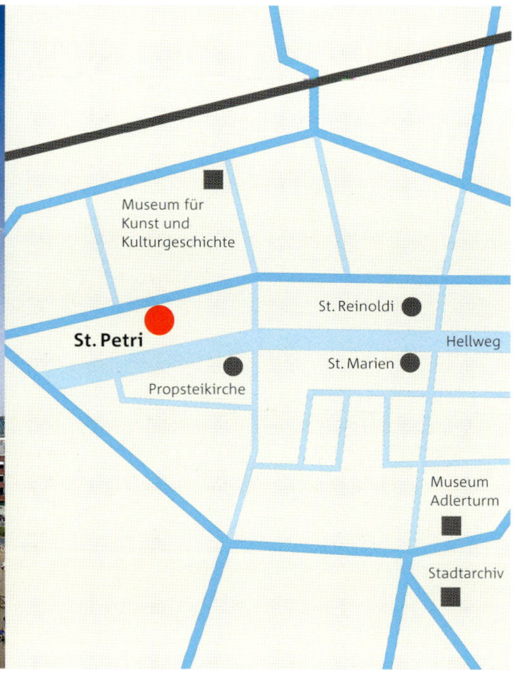

Das »Goldene Wunder« kam erst im Jahr 1809 in die St. Petri-Kirche. Es hatte vorher den Franziskanern gehört und den wichtigsten Altar in ihrer Kirche geschmückt. Die Franziskaner sind wie die Dominikaner ein Mönchsorden. Auch sie hatten ein Kloster in Dortmund. Es wurde ebenfalls am Anfang des 19. Jahrhunderts aufgelöst: im Jahr 1805. Doch wurde die Franziskanerkirche anders als die Dominikanerkirche nicht gerettet. Sie wurde abgerissen.

Weil es 1805 noch keine Fotografien gab, können wir nicht einmal alte Fotos studieren. Es hat auch niemand genaue Zeichnungen gemacht. Wir wissen also nicht, wie die Kirche ausgesehen hat.
In einer alten Handschrift im Stadtarchiv erfahren wir, dass es in der Kirche sieben Altäre gab. Wahrscheinlich waren sie alle mit Retabeln geschmückt. Vielleicht stammt auch das Retabel, das sich heute in der St. Josephskirche in Kirchlinde befindet, aus der Dortmunder Franziskanerkirche. Die anderen fünf Retabel sind verloren. Auch die Messgewänder, der Kirchenschatz mit den Goldschmiedearbeiten und die Klosterbibliothek sind verloren gegangen.

Wir gehen davon aus, dass von 100 Kunstwerken, die im Mittelalter die Kirchen geschmückt haben, nur etwa 5 erhalten sind. 95, also der allergrößte Teil, sind zerstört und verloren. Erst allmählich haben die Menschen gemerkt, wie kostbar die alten Bauwerke und Kunstschätze sind.

Von der Franziskanerkirche sind so gut wie keine Spuren oder Bilder erhalten.

Das »Goldene Wunder« ist ein besonders prächtiger Flügelaltar. Es ist in Wirklichkeit viel größer, als man es sich von den Fotos vorstellen kann. Die Höhe misst: 5,65 Meter. Die Breite, wenn das Retabel aufgeklappt ist, misst: 7,40 Meter.

Flügelaltäre waren anders als heute die meiste Zeit des Jahres geschlossen. An besonderen Tagen wurden sie geöffnet. Das »Goldene Wunder« hat noch ein weiteres Flügelpaar. An hohen Festtagen wurde es ganz geöffnet. Dann erstrahlte die goldene Seite.

Die geschlossene Ansicht des Flügelaltars nennt man Alltagsseite.

Auch die anderen vier Retabel in den Dortmunder Innenstadtkirchen waren Flügelaltäre. Manche sind heute anders zusammengebaut. Erinnere dich an das Marienretabel von Conrad von Soest! Der Flügelaltar in der Propsteikirche und das »Goldene Wunder« werden noch immer geklappt. Du kannst also zu verschiedenen Zeiten im Jahr verschiedene Bilder sehen.
Bis auf die Mitglieder der kleinen jüdischen Gemeinde waren alle Einwohner Dortmunds damals Christen und gehörten zur katholischen Kirche. Alle Christen kannten die Geschichten aus der Bibel und die Heiligenlegenden. Schon als Kinder hörten sie diese Erzählungen und sahen Bilder davon. Heute müssen viele von uns die Geschichten erst lernen,

Der rechte Flügel des Retabels ist schon aufgeklappt.

um zu wissen, welche Geschichten sich die Menschen im Mittelalter in Europa erzählten.

Die erste Klappung heißt Sonntagsseite. Hier sieht man die Geschichten von Jesus als Kind, von seiner Mutter Maria, seiner Großmutter Anna und seiner Urgroßmutter Emerentia.
Auch im Mittelalter gab es bekanntere und weniger bekannte Geschichten. Die Geschichten von Jesus, Maria und Anna kannten alle Christen. Aber die Geschichte der heiligen Emerentia wurde nur selten erzählt und noch seltener gemalt. Die Bilder von Emerentia in Dortmund waren schon im Mittelalter etwas ganz besonderes. Kam ein Bruder neu ins Franziskanerkloster, musste er diese Geschichte erst einmal lernen.

»Flügelaltar«
Ein Flügelaltar ist eine besondere Form eines Retabels (siehe Seite 67). Die große Bilderwand bekommt Flügel, die auf- und zugeklappt werden können.

Die Franziskaner gingen jeden Tag mehrmals in ihre Kirche: zur Messe und zu den Stundengebeten, manchmal vielleicht auch einfach so. Jedes Mal sahen sie das »Goldene Wunder«. Im Laufe eines Jahres sahen sie die verschiedenen Klappungen. Sie wussten nach einiger Zeit schon im Voraus, welche Bilder sie an bestimmten Tagen sehen würden.
Auch heute wird das »Goldene Wunder« mehrmals im Jahr geklappt (siehe Seite 142). Allerdings klappt man es heute viel seltener, weil das Retabel im Laufe der Zeit sehr empfindlich geworden ist.

Zu verschiedenen Tageszeiten oder bei Kerzenlicht sieht das »Goldene Wunder« immer wieder anders aus. Das kannst du auch heute noch erleben.

Forschungsaufgabe

Du kannst dir ein Modell eines Flügelaltars basteln. Nimm ein Blatt Papier und falte es zweimal.
Wenn du das Modell eines doppelten Flügelaltars, wie das »Goldene Wunder«, basteln willst, brauchst du noch ein zweites Blatt Papier. Du faltest es wie das erste. Dann klebst du beide Blätter in der Mitte hintereinander:

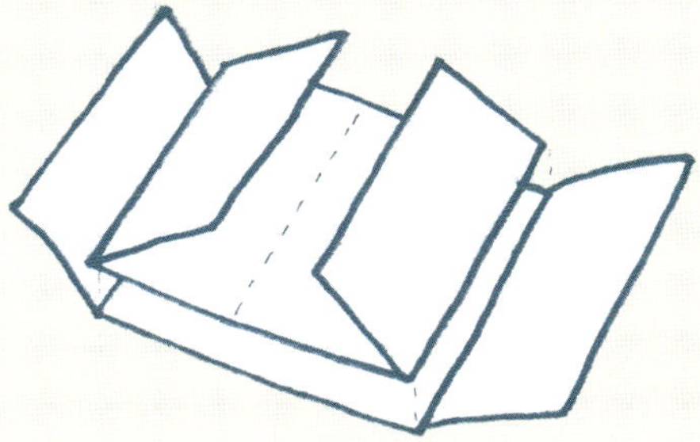

Wenn auch das zweite Flügelpaar geöffnet ist, erstrahlt das Gold. Diese Klappung heißt Festtagsseite.

Die Dortmunder Franziskaner hatten den Auftrag für ihr Retabel an Jan Gillisz Wrage in Antwerpen vergeben. Doch stellte dieser das Werk nicht alleine her. Er hatte eine große Werkstatt. Du kannst das mit einer großen Tischlerei oder Schlosserei oder mit einem anderen Handwerksbetrieb heute vergleichen. Außerdem holte Jan Wrage eine ganze Reihe weiterer Handwerker und Künstler mit ihren Werkstätten hinzu. Anders als in späteren Jahrhunderten hat man oft gar nicht zwischen Handwerkern und Künstlern unterschieden. Ein Maler oder ein Bildschnitzer war gleichzeitig Handwerker und Künstler.

Am »Goldenen Wunder« haben viele Handwerker und Künstler mitgearbeitet. Ein Tischler hat das Gehäuse gebaut. Ein Schlosser hat die Scharniere gefertigt, damit man die Flügel klappen kann. Ein Schnitzer hat die vielen Zierformen geschnitzt. Maler haben die Gemälde geschaffen. Bildschnitzer haben die Skulpturen geschnitzt. Wieder andere Maler haben die Figuren bemalt und vergoldet.

In Antwerpen mussten Skulpturen Stempel bekommen. Damit wurde bescheinigt, dass sie aus gutem Material hergestellt und sorgfältig gearbeitet waren. Diese Stempel zeigen eine kleine Hand. Man kann sie an vielen Stellen auf den Schnitzereien sehen.

Forschungsaufgabe

Am »Goldenen Wunder« gibt es unzählige Figuren und andere Einzelheiten zu entdecken. Wähle zwei oder drei Figuren oder Bilder aus, die du genauer studierst. Vielleicht möchtest du ein Foto oder eine Zeichnung machen.

Diese Detailfotos haben die Restauratoren gemacht, als sie das »Goldene Wunder« genau untersucht haben. Davon werden wir später noch hören. Hier siehst du solche Handstempel.

Daneben haben die Restauratoren ein Zentimetermaß gelegt. Jetzt kann man auch auf dem Foto sehen, wie klein der Handstempel ist: nur etwa einen halben Zentimeter breit.

In einem Vertrag wird genau geregelt, wie der Schnitzaltar von Antwerpen nach Dortmund gebracht werden soll, und wie die Franziskaner Jan Wrage bezahlen wollen.

Vertrag über das »Goldene Wunder«

Up den twentigsten Tagk der Maent Februarii ist in Beiweesen der vorsichtigen und bescheden Mannen Claß Backer, Johan Peppersack und Mester Joreß Bereider und Adrian van Averbecke, Burgeren tho Antwerpen, und Broder Ruttger Schipman, Guardian Minnerbruder-Ordens binnen Dortmundt, gemacket und vollendet vor einer Taffelen up dem hogen Altar, welche Taffell die gemelte Meister Gelisz gepacket und wol bewartt up sein Kost lefferen soll up die Wagens, und dann fort up deß Guardians und Conventz Kosten to Dortmundt upsetten sall mit einem offt mehr Knechten na sein Befallen. Oick ist außgescheiden, dieweill hie op der Reise ist, Wech und Weder soll hie up seine Unkosten behatt sein, mit denjenigen von des Meisters off seiner Knechte wegen, und dafur soll Meister Gielesz beuren und upheven neigenhundertt Brabantz Gulden, off 646 Goldgulden binnen fier Jahren tho bezalen mitt Namen: op dit neestkommende Paschen daß Jahrs 1521 twehundert Goldgulden, up Paschen des Jahrs 22 einhundert und 46 und dann vort op die gemehlte Tiitt, alle Jahre drey Jahr langh hundertt Gulden, und alle diese Termeinen sullen dem gemelten Meister tho Antwerpen werden gelevertt buten seinen Schaden.

Ihn Uirkundt der Wahrheit hebben wir beide Partien boven geschreven gebeden de gemelte Manneß und Burger ihr Hanttecken hir under tho setten, und dieser Zettelen iß, thwe alleinß laudende von malkander geschneden mit dem Namen Jesuß.

Übersetzung aus dem früheren Deutsch in modernes Deutsch:

Im Mittelalter schrieb man einen Vertrag zweimal für beide Vertragspartner auf einen einzigen Bogen Papier oder Pergament. Danach wurde dieser Bogen unregelmäßig auseinander gerissen oder geschnitten. Der Vertrag war nur echt, wenn beide Teile genau aneinander passten. So konnte man Betrug ausschließen.

»Am 20. Februar ist in Anwesenheit der ehrenwerten Herren Claß Backer und Johan Peppersack, Meister Joreß Bereider und Adrian van Averbecke, letztere Bürger von Antwerpen, und Bruder Ruttger Schipman, Guardian des Minoriten-Ordens von Dortmund, dieser Vertrag geschlossen worden, über ein Hochaltar-Retabel, welches der genannte Meister Gillisz gepackt und wohl verwahrt bis zur Spedition liefern soll, und dann auf Kosten des Guardians und des Konventes nach Dortmund bringen soll, wo er es mit einem oder mehr Knechten nach seinem Belieben aufstellen soll. Die Reisespesen für Meister und Knechte sind nicht im Rechnungsbetrag enthalten. Dafür erhält Meister Gillisz 900 Brabanter Gulden oder 646 Goldgulden innerhalb von vier Jahren, und zwar zum bevorstehenden Osterfest des Jahres 1521 200 Goldgulden, zu Ostern des Jahres 1522 146 und dann drei Jahre lang 100 Goldgulden jährlich. Alle diese Raten sollen dem genannten Meister ohne sein Risiko nach Antwerpen geliefert werden.
In Beurkundung der Wahrheit haben wir beide Vertragsparteien und die oben benannten Herren und Bürger gebeten, ihre Unterschrift unter diesen Vertrag zu setzen, welcher in zwei gleich lautenden Ausführungen auf einen Bogen geschrieben ist und im Namen Jesu auseinander geschnitten ist.«

Zum Glück hatte ein Wissenschaftler den Vertrag im Stadtarchiv entziffert und 1913 veröffentlicht, bevor die Urkunde im Krieg verloren ging. Deshalb können wir sie noch heute für unsere Forschungen benutzen. Doch brauche ich Hilfe, um das alte Deutsch aus dem Jahr 1521 zu verstehen. Ich habe einen Freund um eine Übersetzung in unser heutiges Deutsch gebeten.
Der Vertrag war mit der Hand geschrieben worden. Wie ein mittelalterliches Dokument aussieht, kannst du auf Seite 20 nachschauen.

Der Vertrag legt fest, dass Jan Wrage das Retabel selbst nach Dortmund bringen und aufstellen soll. Dafür bekommt er »Reisespesen«, also Geld für Übernachtungen und Essen unterwegs. Jan Wrage soll diese Reise zusammen mit einem oder mehreren Mitarbeitern machen. Offenbar begleiteten die Antwerpener Künstler regelmäßig ihre fertigen Retabel. Sie müssen dabei recht weit in Europa herumgekommen sein.
Zurück in Antwerpen konnten sie dann erzählen, was sie unterwegs erlebt und gesehen hatten. Sicherlich haben sie auch die Retabel in den anderen Kirchen in Dortmund studiert.

Nur wenige Jahre später, im Jahr 1525, wurde ganz in der Nähe von Dortmund ein weiteres Retabel aus Antwerpen aufgebaut: in Schwerte. Es wurde in einer anderen Schnitzwerkstatt hergestellt. Aber die Gemälde sind wahrscheinlich von denselben Malern wie beim »Goldenen Wunder« gemalt worden.

Für die lange Reise wurde das »Goldene Wunder« auseinander genommen. Noch heute kannst du sehen, dass in den einzelnen Fächern Blöcke mit Skulpturen zu den Szenen zusammen montiert sind. Mit großen Mengen Stroh gepolstert wurden sie in Kisten verpackt. Auch die Gemäldetafeln wurden wahrscheinlich einzeln verpackt.

Mit dem Verpackungsmaterial wird die Fracht etwa 3 Tonnen (1 Tonne sind 1000 Kilogramm) gewogen haben. Ein Wagen, den zwei Pferde zogen, konnte mit einer halben Tonne, also 500 Kilogramm, beladen werden. Meist benutze man Ochsenkarren, mit denen man etwa 750 Kilogramm Fracht transportieren konnte. Das »Goldene Wunder« kam also in einem Konvoi von 4–6 Wagen nach Dortmund.

Während des Zweiten Weltkrieges hatten die Menschen das Retabel zum Glück in Sicherheit gebracht. Es wurde außerhalb des Ruhrgebietes, in einem Kloster im Weserbergland gelagert. Die St. Petri-Kirche wurde, wie du weißt, von Bomben getroffen und musste erst wieder aufgebaut werden. Deshalb wurde das Retabel nach dem Krieg zunächst in eine Ersatzkirche zurückgebracht. Jetzt habe ich alte Fotos aus dem Jahr 1967 gefunden. Sie zeigen, wie das Retabel endlich wieder in die St. Petri-Kirche transportiert wurde. Für diesen Weg zerlegte man es nur in wenige große Teile.

Der Vertrag regelt die Bezahlung von Meister Gillisz (Jan Wrage). Er soll in fünf Raten bezahlt werden. Der Vertrag verrät auch den Preis des Retabels: 646 Goldgulden. Das war sehr viel Geld. Es ist schwierig umzurechnen, wie viel Geld das heute wäre und was man davon kaufen könnte. Ich habe deshalb gesucht, was man in Antwerpen im Jahr 1521 für etwa 650 Goldgulden kaufen konnte.

Eine Kogge, wie das verbreitete Handelsschiff hieß, kostete zu der Zeit je nach Größe 30 bis 150 Gulden. Man konnte für das gleiche Geld, das das »Goldene Wunder« gekostet hatte, auch vier große oder sogar 21 kleine Handelsschiffe kaufen.
Ein kleineres Retabel kostete etwa 35 Gulden. Ein solches kleineres Retabel ist ebenfalls in Dortmund zu finden: in der St. Josephskirche in Kirchlinde. Vielleicht schaust du es dir ja einmal an.
Durch solche Vergleiche können wir herausfinden, wie besonders prächtig und teuer das »Goldene Wunder« für die Menschen früher war – und immer noch für uns heute ist.

Ausgebaute Figuren von vorne und von hinten

Ich werde immer wieder gefragt, wie viel das »Goldene Wunder« heute wert ist. Das ist gar nicht so einfach zu beantworten. Solche Kunstwerke kann man heute nirgendwo mehr kaufen. Jedes einzelne von den erhaltenen Retabeln aus dem Mittelalter hat seinen Platz, sein Zuhause. Niemand würde es verkaufen. Wenn etwas kaputt geht, ist es für immer verloren oder beschädigt.

Vielleicht kann man es so sagen: Die mittelalterlichen Kunstwerke sind Geschenke der Vergangenheit an uns. Sie sind unersetzliche Schätze. Deshalb gehen wir besonders sorgfältig mit ihnen um. Sie sollen noch lange den Menschen ihre Geschichten erzählen.

Eine aufregende Reise

An einem frühen Montagmorgen im Jahre 1521 stand der junge Jan Wrage ungeduldig vor dem Haus seines Vaters, der auch Jan Wrage hieß. Manchmal nannten die Älteren den Jungen »kleiner Jan«, was ihn furchtbar ärgerte. Schließlich war er fast zehn Jahre alt und gar nicht mehr so klein. Und nun durfte er endlich das erste Mal seinen Vater auf einer Reise begleiten. Jan Gillisz Wrage hatte eine große Bildschnitzerwerkstatt in Antwerpen. Diesmal war es ein sehr großer Auftrag gewesen, für den einige Franziskaner extra aus dem fernen Dortmund gekommen waren. Meister Gillisz und seine Gesellen und Lehrlinge hatten gar nicht alles selbst herstellen können. Doch nun war alles fertig. So ein riesiges und schweres Kunstwerk wie das »Goldene Wunder« konnte man natürlich nicht als ganzes von Antwerpen nach Dortmund transportieren. Und so hatte der junge Jan in den letzten Tagen immer wieder neben seinem Vater gestanden, als die 454 Figuren, die vielen Tafelbilder und all die anderen Einzelteile sorgsam in Kisten verpackt wurden. Jetzt befand sich die kostbare Ware auf mehreren Pferdewagen, und es ging endlich los.

Als sie Antwerpen weit hinter sich gelassen hatten, bekam der junge Jan nun doch ein wenig Angst. In den großen Wäldern gab es Bären und Wölfe, und überall lauerten Straßenräuber. Sein Vater hatte sich deshalb mit einigen Kaufleuten zusammengetan, die nach Köln wollten. Und so zog ein langer Konvoi von schwer beladenen Pferdegespannen und Ochsenkarren durch die Lande. Einige bewaffnete Männer beschützten den Transport. Jan schauderte, als sie schon wieder an einem Galgen vorbeikamen, an dem man kurzerhand einen Räuber aufgeknüpft hatte. Zum Glück hatte ihm die Mutter zum Abschied ein Lederband mit einem Christophorus-Anhänger geschenkt. Der heilige Christophorus war der Schutzpatron aller Reisenden und würde sicher auf ihn aufpassen.
Jetzt waren sie schon fünf Tage unterwegs. Noch immer tat Jans Hintern etwas weh, weil er das tagelange Reiten nicht gewöhnt war. Am zweiten Tag war der Junge deshalb auf einen der Wagen gestiegen. Doch das Fuhrwerk schaukelte und rumpelte auf der schlecht gepflasterten Straße fürchterlich hin und her. Und so saß Jan bald wieder auf seinem kleinen Pferd. Meistens kamen sie am Tag etwa 30 bis 40 Kilometer voran. Heute

allerdings nicht, denn es regnete seit dem frühen Morgen in Strömen. Die Wagen blieben andauernd im Schlamm stecken, und einige kippten sogar um. Meister Gillisz hoffte, dass er in Dortmund nicht so viele Teile überarbeiten musste. Jan sehnte sich heftig nach einem Kaminfeuer. Die Gasthäuser, in denen sie jeden Abend Station machten, boten warmes Essen und Kammern, in denen nachts mehrere Leute auf Strohsäcken schliefen. Heute waren dem Jungen die bissigen Läuse im Strohsack, die ihn sicher wieder einmal erwarteten, schon fast egal. Es regnete auch am nächsten Morgen. Völlig erschöpft und durchnässt kamen sie nach insgesamt sechs Tagen endlich in Köln an.

Als Jan, sein Vater und dessen Gehilfen drei Tage später in der Ferne die Stadtkrone Dortmunds erblickten, seufzten alle erleichtert auf. Schließlich wurden die vielen Kisten in der Franziskanerkirche ausgepackt. Die Franziskaner konnten sich zunächst gar nicht vorstellen, wie aus diesen unübersichtlichen Stapeln ihr Altarwerk entstehen sollte. Doch alle Einzelteile waren so markiert, dass Meister Gillisz und seine Gehilfen das riesige Retabel ohne größere Probleme nach und nach zusammensetzen konnten. Auch der junge Jan, der bei seinem Vater das Schnitzhandwerk lernte, half dabei mit. Als das »Goldene Wunder« schließlich in seiner ganzen Pracht erstrahlte, war auch er stolz auf seine Arbeit.

Im Mittelalter waren geschnitzte Figuren in der Regel erst dann vollendet, wenn sie bemalt waren. Besonders prächtige Skulpturen wurden auch vergoldet. Man nennt diese Bemalung »Fassung«.
Sehr häufig sind die Fassungen von mittelalterlichen Skulpturen im Laufe der Jahrhunderte zerstört worden. So haben die Figur des heiligen Reinoldus oder die Skulpturen des Retabels in der Reinoldikirche ihre Fassungen verloren.
Kunstwerke mit erhaltenen Fassungen sind besonders wertvoll. Es ist allerdings gar nicht so einfach, die Fassungen zu erhalten. Sie sind nämlich sehr empfindlich.

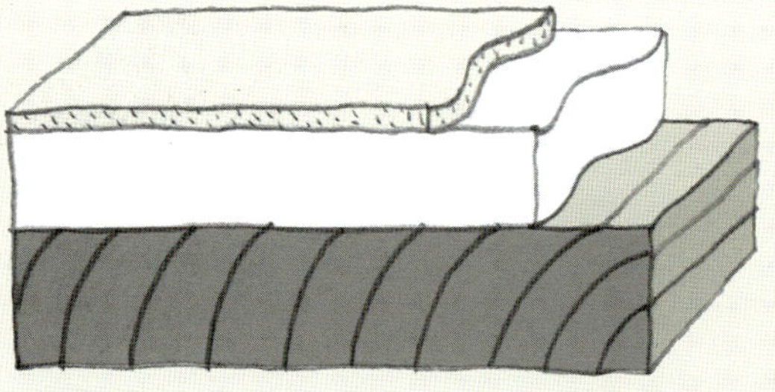

Jedes Holz »arbeitet«, wenn es feucht wird oder trocknet: Es dehnt sich aus oder schrumpft. Das tun auch die Holzskulpturen vom »Goldenen Wunder«. Doch dann platzt die Fassung ab. Die folgende schematische Zeichnung soll das verdeutlichen:

Die Farbschichten platzen und stehen zeltförmig hoch.
Das Holz dehnt sich aus oder schrumpft.

Die Restauratoren haben bei ihrer Arbeit 2003–2005 einige Figuren ausgebaut. Sie haben Fotos von Ansichten gemacht, die man normalerweise nicht zu sehen bekommt.
Auf dem Detailfoto von einem Frauenkopf können wir rechts die Schnitzspuren sehen. Nach links kommt dann die dunkelrosa eingefärbte Grundierung. Sie ist gar nicht auf die ganze Figur aufgetragen. Bemalt wurden offenbar nur die Partien, die im zusammengebauten Retabel nach vorne zeigen. Auf diese Grundierung wurde dann die Hautfarbe aufgemalt.

An manchen Stellen ist die Grundierung dicker, an anderen dünner, so dass die Farbschicht darunter durchscheint. So wurde das Gesicht modelliert.
Auf Detailfotos kannst du sehen, wie dünn die Fassung in Wirklichkeit ist.

Viele Figuren der Festtagsseite des »Goldenen Wunders« sind vergoldet. Auf die Grundierung wurden feinste Blättchen aus echtem Gold geklebt. Sie sind nur einen winzigen Bruchteil eines Millimeters dick: 1/5000 mm.
Da das Gold auf der Grundierung liegt, konnte man mit Punzen (kleinen Goldschmiedehämmerchen in verschiedenen Formen) oder mit anderen Werkzeugen Muster hinein drücken. Oft wurden auch Figuren oder Muster auf das Gold aufgemalt.

Kunstwerke sollen immer möglichst vollständig erhalten bleiben. Deshalb verwendet man viel Mühe darauf, sie zu pflegen und sie zu erhalten. Man nennt das »Konservierung«.
Im Laufe der Jahre sammelt sich Dreck auf Kunstwerken. Beim »Goldenen Wunder« konnte das Gold unter all dem Staub nicht mehr richtig strahlen. Vor allem kann in dem Staub beispielsweise Schimmel wachsen, der dann die Skulpturen für immer beschädigt. In regelmäßigen Abständen müssen Kunstwerke daher gereinigt werden.

Oft ist es notwendig, eine Klimaanlage einzubauen, damit sich die Feuchtigkeit in einem Raum nicht je nach Wetter und Jahreszeit ändert. Denn dann würden sich das Holz oder auch viele andere Materialien ausdehnen oder schrumpfen. Es könnte zu Schäden kommen. Wenn das doch einmal geschehen ist, versucht man die Kunstwerke möglichst behutsam zu retten. Dafür gelten feste Regeln: Man nimmt nichts weg, was noch original ist. Man ergänzt nur in dringenden Fällen irgendetwas. Das tut man immer so, dass man es wieder rückgängig machen

Die Restauratorin Susanne Erhards aus Köln hat mit ihrem Team das »Goldene Wunder« konserviert und restauriert.

Auf dem Gerüst arbeiten ihre Mitarbeiterinnen Natalie Strauss und Angelika Grassmann.

kann, und so, dass Forscher bei genauem Studium noch mit bloßem Auge die Ergänzungen erkennen können. Man spricht von »Restaurieren«. Das Wort kommt aus dem Lateinischen und heißt wörtlich: Wiederherstellen.
Für das Konservieren und Restaurieren braucht man eine gründliche Ausbildung zum Restaurator. Restaurator ist ein eigener Beruf.

In den Jahren 2003–2005 ist das »Goldene Wunder« in einer großen Aktion konserviert und restauriert worden. Viele Menschen haben Geld gespendet, um das Gerüst, die Klimaanlage und die Restauratoren zu bezahlen.

Dreckiger Fuß vor der Reinigung

Das Foto links ist vor der Restaurierung entstanden. An den weißen Stellen ist die Fassung abgeplatzt. Damit die Pracht des »Goldenen Wunders« nicht für uns heute durch solche weißen Flecken durchlöchert ist, haben die Restauratoren mit Aquarellfarben später die weißen Stellen getönt. Man nennt eine solche Ergänzung »Retusche«. Diese Farbe kann man wieder entfernen. Für uns aber sind diese Fehlstellen auf den ersten Blick nicht mehr sichtbar. Wenn man genauer schaut, sind die Retuschen aber erkennbar.

Solche gemalten Retuschen verfälschen den prächtigen Eindruck weniger, als wenn man heute neu vergolden würde. Außerdem könnten wir dann kaum noch unterscheiden, was alt und was moderne Ergänzung ist. In gewissem Sinne würden wir dann betrogen.
An manchen Stellen hatte sich die Fassung in kleinen Partien gelockert. Mit einer Spritze haben die Restauratoren an diesen Stellen Leim unter die lose Stelle gespritzt und die Fassung vorsichtig wieder festgeklebt. Auf dem Foto siehst du die Restauratorin Natalie Strauss, die Leim einspritzt.

Forschungsaufgabe

Inzwischen kennst Du viele mittelalterliche Kunstwerke in Dortmund. Du hast auch eine Menge über die mittelalterliche Stadt erfahren. Du kennst nun die heutige Stadt viel besser. Vielleicht hast Du auch Fotos, Zeichnungen und andere Materialien gesammelt.
Jetzt kannst Du eine Freundin oder einen Freund einladen, um sie mit Schätzen und Geschichten aus dem Mittelalter zu überraschen. Ihr könnt gemeinsam auf Entdeckungsreise gehen.

WER – WIE – WARUM

Nachworte

Liebe Leserinnen und Leser,

Oskar Francke hatte seinen ersten öffentlichen Auftritt bei der KinderUni der Technischen Universität Dortmund im Winter 2007/2008. Zusammen mit unseren Studierenden und uns hat er dort mehreren hundert Kindern die vier Innenstadtkirchen gezeigt. Wir haben gemeinsam die Schätze erkundet, erklärt, was Kunsthistoriker forschen, und viel Freude miteinander gehabt. Alle haben mitgemacht: die Universität, das Stadtarchiv und die vier Kirchen, schließlich die Conrad-von-Soest-Gesellschaft, die in Dortmund viele Projekte zur mittelalterlichen Kultur durchführt. Schon vor einigen Jahren haben die Fotografen Rüdiger Glahs und Diethelm Wulfert die wunderbaren Fotos von den Kunstwerken und Kirchen gemacht. Besonders aufregend war es, im Frühjahr 2007 mit

Frank Georgy zu entscheiden, wie Oskar Francke aussehen soll. Dann mussten die Texte geschrieben werden. Viele Menschen haben uns geholfen, vor allem Thomas Schilp und Klaus-Peter Busse. Allen sei sehr herzlich gedankt. Besonders danken wir der Reinoldigilde zu Dortmund, die das Geld für das Projekt gegeben hat. Sie macht das Buch vielen Kindern zum Geschenk. Alle anderen können es für einen Preis kaufen, der ohne die großzügige Förderung der Reinoldigilde hätte sehr viel höher ausfallen müssen.
Jetzt ist es soweit: Wir haben das Buch fertig geschrieben, Frank Georgy hat alle Zeichnungen gemacht und die einzelnen Buchseiten gestaltet. Der Leiter des Verlages, Olaf Eimer, hat die Druckerei gebucht. Nun soll das Buch gedruckt werden, um im April zu seinen Leserinnen und Lesern zu kommen. Wir wünschen allen sehr große Freude mit diesem Buch. Wir hoffen, dass möglichst viele Menschen – Kleine und Große, Kinder und Erwachsene, Mädchen und Jungen – mit diesem Stadtführer Dortmund besser kennen lernen. Es gibt wunderbare Kunstwerke in dieser Stadt. Sie laden alle ein, die sie entdecken möchten.

Birgit Franke und Barbara Welzel
Dortmund, im Januar 2008

Liebe Erwachsene,

»St. Petri: ist das die Kirche bei *Saturn*?« – wird man in Dortmund immer wieder einmal gefragt. Wie nehmen wir unsere eigene Stadt wahr? Mit welchen Orientierungsmarken erschließen wir uns den städtischen Raum? Welche Bedeutungen messen wir der städtischen Topographie bei? Und welche Rolle spielen hierbei die Erinnerungs- und Kulturorte, die der gegenwärtigen Stadt Zugang zu ihrer Vergangenheit eröffnen? Gehören die bedeutenden Kunstwerke aus dem Mittelalter, die in Dortmund die Jahrhunderte und die Zerstörung der Stadt im Zweiten Weltkrieg überdauert haben, zu unserem Bild Dortmunds?
In den letzten Jahren wird immer häufiger öffentlich über Bildung debattiert, über das Weltwissen, das junge Menschen vom Vorschul- und Grundschulalter an entfalten. Mehr noch: Der Hunger von Kindern nach Wissen, nach Teilhabe an Wissenschaft und Kultur hat zu der Forderung geführt, Kindern eben dieses Wissen zu eröffnen. Und immer wieder wird betont, dass Kinder früh und engagiert in diese Felder vordringen, dass sie von Anfang an in möglichst vielen Bereichen Zugang zum Reichtum unserer Welt finden sollen. Das aber ist zuallererst eine Herausforderung an die Erwachsenen: Sie sind in die Verantwortung genommen.

Dortmund – die Metropole im Ruhrgebiet – hat neben seiner industriellen Vergangenheit eine immer wieder und immer noch verborgene Geschichte: die mittelalterliche Kultur der freien Reichs- und Hansestadt. Aus dieser Zeit bewahrt Dortmund bis heute herausragende Kunstschätze von europäischem Rang. Sobald man sie – von neueren Forschungen ausgehend – erschließt, eröffnen sie tiefe Einblicke in die Vergangenheit, ja vermögen diese als Ressource unserer Gegenwart sichtbar zu machen. In einer Zeit, in der es noch keine Nationalstaaten gab, war Dortmund quer durch Europa – von Brügge bis Novgorod – vernetzt und betrieb Handel bis in den Orient. Innerhalb Europas waren Mobilität und Migration nicht weniger ausgeprägt als heute (auch wenn sie natürlich anders funktionierten).
Die meisten der erhaltenen Kunstschätze befinden sich in den vier Innenstadtkirchen Dortmunds. Diese Kirchen sind nach dem Selbstverständnis unserer Zeit selbstredend weiter Gotteshäuser, doch nicht nur

dies. Sie sind zugleich Kulturdenkmäler, die für alle Menschen offen stehen. Bewusst sind alle Mitglieder unserer Gesellschaft – und eben nicht nur Christen – eingeladen, ja sogar aufgefordert, sich diese Orte zu erschließen und ihre Geschichten jenseits religiöser Bekenntnisse zu erkunden.
Die Kunstschätze unserer Städte für ein transkulturelles Gespräch aufzuschließen, das zugleich die Geschichte Europas vermittelt und die eigene Lebenswelt in historischer Tiefenschärfe lesbar macht: Das scheint eine vordringliche Aufgabe in gegenwärtigen Bildungsprozessen zu sein. Die Conrad-von-Soest-Gesellschaft hat in den letzten Jahren die mittelalterliche Kultur Dortmunds im Dialog verschiedener Wissenschaften für eine breitere Öffentlichkeit in zahlreichen Veranstaltungen und Publikationen, 2006 auch gemeinsam mit dem Museum für Kunst und Kulturgeschichte und den vier Innenstadtkirchen in der Ausstellung »Ferne Welten – Freie Stadt. Dortmund im Mittelalter«, vermittelt. Nun ist es dringend an der Zeit, ein solches Unterfangen für Kinder zu wagen.

Großer Dank gebührt der Reinoldigilde zu Dortmund. Sie hat sich nicht allein von der Idee überzeugen lassen und die Realisierung des Projektes finanziell ermöglicht. Vielmehr hat sie sich zu einer großzügigen Bildungsoffensive entschlossen. Das Buch soll nicht nur im Handel zu einem subventionierten Preis käuflich sein. Am 16. April 2008 erhält jedes der mehr als 5000 Kinder, die in Dortmund das dritte Schuljahr besuchen, ein Exemplar des Kinderstadtführers als Geschenk. Weitere Exemplare werden auf Nachfrage für Projekte verschenkt. Für eine Großstadt in Deutschland ist diese Initiative, soweit wir sehen, bisher einmalig. Möge sie einen Beitrag dazu leisten, die Teilhabe am kulturellen Erbe Europas für alle Kinder unserer Gesellschaft zu eröffnen.

Thomas Schilp und Barbara Welzel
für die Conrad-von-Soest-Gesellschaft
Dortmund, im Januar 2008

Barbara Welzel ist seit 2001 Professorin für Kunstgeschichte an der Technischen Universität Dortmund. Sie wurde 1961 geboren, war in Bonn und Bochum auf der Schule, hat in Bochum und Berlin Kunstgeschichte studiert. Danach hat sie an verschiedenen Universitäten unterrichtet, war einige Zeit in einem Verlag tätig, hat in Projekten mit Museen gearbeitet und mit Kindern, Jugendlichen und Erwachsenen die Kunstschätze in den Berliner Museen und in den Dortmunder Kirchen entdeckt. Sie hat Bücher geschrieben und mit anderen zusammen herausgegeben; in den letzten Jahren forscht sie besonders über die mittelalterliche Kunst in Dortmund sowie über Kunst aus den Niederlanden.

Birgit Franke ist Kunsthistorikerin und Erzieherin. Sie hat ein großes Interesse daran, bei Kindern, jungen Menschen und Erwachsenen die Neugier auf alte Kunst zu wecken. Sie wurde 1953 geboren und hat in Berlin Kunstgeschichte und Theaterwissenschaft studiert. Mehrere Jahre lang hat sie in Projekten an den Berliner Museen Besuchern aller Altersklassen historische Kunstwerke vermittelt und in der Lehrerfortbildung gearbeitet. Sie ist seit einigen Jahren in der Kunstlehrerausbildung an der Technischen Universität Dortmund tätig und ist immer wieder an Ausstellungen beteiligt. Sie forscht über Kunst vor allem an den nordalpinen Fürstenhöfen vom 14. bis zum 16. Jahrhundert und hat Bücher und zahlreiche Aufsätze geschrieben.

Oskar Francke ist Professor für Kunstgeschichte. Er erforscht mittelalterliche Gebäude, Bilder und Figuren und was die Menschen früher damit gemacht haben. Oskar Francke wurde 2007 von Prof. Dr. Barbara Welzel, Dr. Birgit Franke und ihren Studierenden an der Technischen Universität Dortmund gemeinsam mit Frank Georgy erfunden. Im Winter 2007/2008 haben alle zusammen die KinderUni »Dortmund entdecken. Schätze und Geschichten aus dem Mittelalter« durchgeführt. Mehrere hundert Kinder haben dort studiert. Seither entdeckt und erforscht Oskar Francke mit vielen Kindern, Jugendlichen und Erwachsenen die Schätze aus dem Mittelalter in Dortmund.

Frank Georgy ist Grafik-Designer und Illustrator. Während die meisten Menschen werktags arbeiten müssen, geht Frank Georgy seiner Lieblingsbeschäftigung nach: Bücher gestalten!
Frank Georgy ist Jahrgang 1969. Mit Buchillustrationen zu dem Erich Kästner Moritat »Arthur mit dem langen Arm« beendete er 2001 sein Grafik-Design-Studium. Bereits 1998 begann er unter dem Namen *kopfsprung* als freischaffender Grafiker, Typograf und Illustrator zu arbeiten – seit 2004 mit einem eigenen Büro in Köln.

Adressen und Öffnungszeiten

Alle Orte, die in diesem Buch vorgestellt werden, freuen sich auf Kinder und Erwachsene. Alle diese Orte haben bestimmte Regeln für Besucherinnen und Besucher. Man erfährt sie am Eingang.

Die Kirchen sind außerhalb der Gottesdienste für jeden geöffnet, der die Kunstschätze entdecken möchte. Natürlich muss man in Kirchen leise sein, aber man darf sich unterhalten und alles anschauen. Wenn einzelne Bereiche einmal abgesperrt sind, kann man fragen. Und meistens wird man dann auch nah an die Kunstwerke herangelassen. Kirchen sind Gotteshäuser und gleichzeitig so etwas wie ein Museum. Hier ist immer freier Eintritt.

Stadtkirche St. Reinoldi
Ostenhellweg

Telefon 0231.8823013
post@sanktreinoldi.de
www.sanktreinoldi.de

Öffnungszeiten
Montag–Samstag 10:00–18:00 Uhr
Sonntag 13:00–18:00 Uhr

Kirchenführung
Samstag 14:00 Uhr
Turmbesteigung »Turm und Tee«
Samstag 14:00–17:30 Uhr

St. Marienkirche
Kleppingstraße

Telefon 0231.526548
do-kg-marien@kk-ekvw.de
www.st-marien-dortmund.de

Öffnungszeiten
Dienstag-Freitag 10:00–12:00 Uhr
und 14:00–16:00 Uhr
Samstag 10:00–13:00 Uhr

Kirchenführung
Donnerstags 16:30 Uhr, außerdem jeden 1. Samstag im Monat ab 12:00 Uhr und nach Absprache.

St. Petri-Kirche
Westenhellweg

Telefon 0231.7214173
buero@StPetriDo.de
www.st-petri-dortmund.de

Öffnungszeiten
Dienstag–Freitag 12:00–17:00 Uhr
Samstag 11:00–16:00 Uhr

Durch die Klappordnung für den Flügelaltar ist es möglich, alle Seiten des Altars im Laufe des Kirchenjahres zu betrachten: von Pfingsten bis zum Erntedankfest (1. Öffnung; Alltagsseite) die 36 gemalten Tafelgemälde, vom Erntedankfest bis Ostern (2. Öffnung; Festtagsseite) die goldene Seite, in der Karwoche (die Woche vor Ostern) ist der Altar im geschlossenen Zustand zu sehen. Die Termine für die Klappung sind aktuellen Aushängen zu entnehmen.

Propsteikirche St. Johannes Baptist
Propsteihof

Telefon 0231.9144620
info@propstei-dortmund.de
www.propsteikirche-dortmund.de

Öffnungszeiten
Montag-Sonntag 09:00–19:00 Uhr

Kirchenführung
Im Rahmen der Führung »Die vier Citykirchen« oder nach Absprache.

DORTMUNDtourismus e.V. bietet an jedem 2. Samstag im Monat eine Führung »Die vier Citykirchen« an. Der Rundgang durch die vier mittelalterlichen Kirchen der Innenstadt beginnt um 11:00 Uhr und dauert 2 Stunden. Information unter www.dortmund-tourismus.de.

Museum für Kunst und Kulturgeschichte
Hansastraße 3, 44137 Dortmund
Telefon 0231.5025522
mkk@stadtdo.de
www.mkk.dortmund.de

Öffnungszeiten
Dienstag, Mittwoch, Freitag,
Sonntag 10.00–17.00 Uhr
Donnerstag 10.00–20.00 Uhr
Samstag 12.00–17.00 Uhr

An Feiertagen ist das Museum von 10:00–17:00 Uhr geöffnet: Karfreitag, Ostersonntag, Ostermontag, 1. Mai, Christi Himmelfahrt, Pfingstsonntag, Pfingstmontag, Fronleichnam, 3. Oktober, Allerheiligen, 2. Weihnachtstag. Zu Neujahr, Heiligabend, dem 1. Weihnachtstag und Silvester ist das Museum geschlossen.

Eintritt
Für Schüler 1,50 Euro;
für Schülergruppen 0,75 Euro pro Person;
für Erwachsene 3,00 Euro.
Außerdem können Familientageskarten erworben werden. Samstags ist der Eintritt in die Dauerausstellung frei. Sonderausstellungen werden separat berechnet.

Führungen
Führungen finden regelmäßig sonntags um 11:00 Uhr statt.

Angebote für Schulklassen:
Telefon 0231.5026028

Museum Adlerturm
Ostwall 51 a, 44135 Dortmund

Telefon 0231.5026028
adlerturm@stadtdo.de
www.museumadlerturm.dortmund.de

Öffnungszeiten
Dienstag, Mittwoch, Freitag 10:00–13:00 Uhr
Samstag 12:00–17:00 Uhr
Sonntag 10:00–17:00 Uhr

An Feiertagen ist das Museum von 10:00–17:00 Uhr geöffnet: Karfreitag, Ostersonntag, Ostermontag, 1. Mai, Christi Himmelfahrt, Pfingstsonntag, Pfingstmontag, Fronleichnam, 3. Oktober, Allerheiligen, 2. Weihnachtstag. Zu Neujahr, Heiligabend, dem 1. Weihnachtstag und Silvester ist das Museum geschlossen.

Eintritt
Für Schüler 0,75 Euro; für Erwachsene 1,50 Euro
Samstags ist der Eintritt frei
(Ausnahme Sonderveranstaltungen).

Angebote für Schulklassen:
Telefon 0231.5026028

Stadt- und Landesbibliothek
Königswall 18, 44137 Dortmund

Telefon 0231.5023209
www.bibliothek.dortmund.de

Öffnungszeiten
Dienstag bis Freitag 10:00–19:00 Uhr
Samstag 10:00–15:00 Uhr

Stadtarchiv Dortmund
Märkische Straße 14, 44135 Dortmund

Telefon 0231.5022156
stadtarchiv-dortmund@stadtdo.de
www.archive.nrw.de

Öffnungszeiten Lesesaal
Dienstag-Mittwoch 8.00–15.45 Uhr
Donnerstag 8.00–17.15 Uhr
Freitag 8.00–12.00 Uhr

Zum Weiterlesen für Jugendliche und Erwachsene

Für das Buch wurde vielfältige Literatur verwendet. In den letzten Jahren hat die Conrad-von-Soest-Gesellschaft in einer Reihe von wissenschaftlichen Tagungen, öffentlichen Veranstaltungen, einer großen Ausstellung in Zusammenarbeit mit dem Museum für Kunst und Kulturgeschichte Dortmund und den vier Innenstadtkirchen das Dortmunder Mittelalter erforscht, in seinen europäischen Kontext gestellt und inzwischen 10 Bände ihrer Schriftenreihe (Dortmunder Mittelalter-Forschungen) dazu vorgelegt. Zahlreiche Wissenschaftlerinnen und Wissenschaftler haben ihr Wissen und ihre Kenntnisse beigesteuert. Alle diese Aktivitäten und Publikationen haben es sich zum Ziel gesetzt, aktuelle Forschungen zu vernetzen und für ein interessiertes Publikum darzustellen. Einen ersten Einstieg (über den sich auch die Forschung erschließen lässt) geben vielleicht am Besten:

Barbara Welzel und Thomas Schilp (Hg.),
Stadtführer. Dortmund im Mittelalter
(Dortmunder Mittelalter-Forschungen 6),
2. Auflage Bielefeld 2006

Matthias Ohm, Thomas Schilp und Barbara Welzel (Hg.),
Ferne Welten – Freie Stadt. Dortmund im Mittelalter. Ausstellungskatalog Dortmund 2006 (Dortmunder Mittelalter-Forschungen 7), Bielefeld 2006

Barbara Welzel (Hg.),
Altes Gold in neuer Pracht. Das »Goldene Wunder« in der Dortmunder St. Petri-Kirche (Dortmunder Mittelalter-Forschungen 9), Bielefeld 2006

Nils Büttner, Thomas Schilp und Barbara Welzel (Hg.),
Städtische Repräsentation. St. Reinoldi und das Rathaus als Schauplätze des Dortmunder Mittelalters (Dortmunder Mittelalter-Forschungen 5), Bielefeld 2005

Die Vermittlung historischer Kunst an Kinder im Grundschulalter ist Gegenstand von zwei Themenschwerpunkten der Zeitschrift »Grundschule«, die Barbara Welzel moderiert hat:

»Bilderwelten und Kulturerbe«,
in: Grundschule 4/April 2006, S. 30–49

»Frauen-Bilder und Männer-Bilder«,
in: Grundschule 2/Februar 2007, S. 28–51

Das didaktische Konzept des »Mapping« wurde von Klaus-Peter Busse für den Kunstunterricht entwickelt, braucht aber als Verfahren der aktiven und reflektierten Welterkundung keineswegs auf dieses Fach beschränkt bleiben:

Klaus-Peter Busse, Kartographieren: Kinder erforschen ästhetische Räume, in: Grundschule 4/April 2006, S. 32–35

Grundlegend:
Klaus-Peter Busse, Vom Bild zum Ort: Mapping lernen. Mit dem Bilderwerk von Holger Schnapp (Dortmunder Schriften zur Kunst. Studien zur Kunstdidaktik 3), Norderstedt 2007

Abbildungsnachweis
Alle Illustrationen hat Frank Georgy gezeichnet. Die meisten Fotografien haben Rüdiger Glahs und Diethelm Wulfert, Dortmund, aufgenommen. Einige Fotos stammen von anderen Fotografen und Institutionen: Museum für Kunst und Kulturgeschichte Dortmund (S. 28, 68, 109, 110); Stadtarchiv Dortmund (S. 17, 19, 20, 21, 22, 23, 24, 25, 26, 45, 102), Erich Angenendt (im Stadtarchiv Dortmund: S. 18); Birgitt Borkopp-Restle, Köln (S. 83); Dombauarchiv Köln, Matz und Schenk (S. 44, 45); Susanne Erhards/Gruppe KÖLN (S. 113, 120, 121, 126, 127, 131, 132, 133, 134, 135); LWL-Westfälisches Landesmuseum für Kunst und Kulturgeschichte Münster/Dauerleihgabe des Westfälischen Kunstvereins (S. 72); Roland Pieper, Münster (S. 90); Edgar Jetter, Vreden (S. 124, 125); Claudia Fährenkemper, Werne (S. 136, 137); Städtisches Museum Wesel, Matthias Roesgen (S. 30). Die Fotos von Birgit Franke und Barbara Welzel (S. 140) nahm Dorothee Rietz, Münster, im Winter 2007 auf, das Foto von Frank Georgy (S. 141) Kirstin Schmitz-Georgy.

Die Übertragung des Liefervertrages für das »Goldene Wunder« in modernes Deutsch besorgte Michael Albrecht.